Large Print

110

BRAIN WORKOUTS

Activity Book

For SENIORS

Word Search, Codeword, Sudoku, Crossword, Mazes & Word Fill-ins

For Effective Brain Exercise

Published by: Jaja Books

Printed and Bound in USA

ISBN: 9781706304135

Puzzles are just pure fun!

MONEY #01

C	T	Y	X	I	J	R	A	A	U	C	T	I	O	N
F	R	T	O	Y	U	U	G	M	T	D	X	E	B	D
V	A	E	I	N	C	O	M	E	A	X	O	X	N	P
W	B	F	D	E	U	Z	B	I	L	L	Y	P	H	L
L	T	A	Q	I	J	N	B	E	U	C	H	E	A	P
P	N	V	R	G	T	Y	G	A	S	T	Z	N	F	Z
B	N	W	P	G	T	N	J	O	I	O	W	S	S	X
Z	J	A	X	I	A	V	F	S	P	L	Z	E	I	W
G	Y	K	U	H	A	I	O	I	S	Y	O	L	A	S
B	O	Q	C	U	H	P	N	I	N	Q	S	U	R	M
N	E	L	G	C	E	Z	T	U	Y	A	T	R	T	F
G	T	A	G	D	A	M	N	W	J	B	N	O	I	L
O	M	S	J	B	U	S	I	N	E	S	S	C	M	X
B	A	N	K	C	H	B	H	D	X	Y	E	L	E	N
F	L	D	O	N	A	T	E	B	O	R	R	O	W	T

AUCTION
BAILOUT
BANK
BARGAIN
BILL
BORROW

BUSINESS
CASH
CHANGE
CHEAP
CREDIT
DEBT

DEPOSIT
DONATE
EQUITY
EXPENSE
FINANCE
INCOME

PUZZLE #01

1		2		■	3	■	■	4			5	
	■		■	6		7			■	■		■
	■	8					■	9		10		11
12	13		■	14			15		■	16 V	A	N
17			18		■	19			20		■	
■		■	21		22			■	23		24	
25		26				■	27	28				
29				■	30	31				■		■
	■	32		33			■	34		35		36
37	38		■	39			40		■	41		
42					■	43					■	
■		■	■	44					■		■	
45					■	■		■	46			

3 Letters

OWE
SHE
TIP
VAN

4 Letters

ASKS
BANG
DATA
INCH
KILL
ONES
ONTO
SAKE

5 Letters

ALIEN
ARISE
ASHES
BELOW
CHASE
DISCO
EARTH
EASEL
FLAME
GOOSE
HEATS
HOLDS
HOPED
LASTS
METAL
MILLS
NOSES
ONION
OVENS
PHOTO
PORTS
RIDGE
SEEMS
SNOWS
SOLAR
SPELT
STARE
TANKS
TASTE
TEASE
TEMPO
TENTH
WAGON
WASTE

6 Letters

DEFEAT
LOOSEN
OTHERS
POTATO

PUZZLE #01

16	2	15	21	24	■	1	■	13	■	8	7 D	8	4	12
■	■	■	■	3	■	6	24	6	8	22	■	25	■	14
7 D	■	24	12	17	22	21	■	13	■	24	22	8	11 V	21
26 I	■	21	■	■	■	21	■	■	■	2	■	14	■	21
12	21	8	14	24	■	14	2	8	7 D	■	19 J	21	25	24
9	■	22	■	3	■	■	■	6	■	■	■	■	26 I	■
3	8	24	■	2	9	21	8	23	■	24	25	26 I	23	20
■	14	■	■	21	■	15	■	12	■	12	■	■	7 D	■
12	2	8	7 D	24	■	12	8	24	12	21	■	20	17	13
■	24	■	■	■	■	14	■	■	■	4	■	6	■	8
11 V	21	12	2	■	19 J	8	10	10	■	24	3	26 I	5	12
26 I	■	21	■	4	■	■	■	21	■	■	■	7 D	■	9
7 D	14	8	13	8	■	19 J	■	16	22	8	10	21	■	3
21	■	13	■	24	4	21	8	14	■	24	■	■	■	■
2	8	24	26 I	24	■	12	■	8	■	18	23	2	12	24

1	2	3	4	5	6	7	8	9	10	11	12	13
						D				V		

14	15	16	17	18	19	20	21	22	23	24	25	26
					J							I

ABCDEFGHIJKLMNOPQRSTUVWXYZ

PUZZLE

	6	3	7			4	9	2
4			5			7		3
			3					1
6	4	9	8		3		7	
	2		6		4	8	3	9
2					1			
1		4			5			7
8	7	5			6	9	1	

					6	5		
	3		1					2
4	8	6	3				7	
8		2			3	4		
3	6	9				7	1	8
		4	9			3		5
	9				2	1	4	7
1					7		8	
		3	4					

PUZZLE #01

Across

2. Travels (5)
6. A person or thing that is strongly disliked (4)
7. Someone who purchases and maintains an inventory of goods to be sold (6)
8. Act to fulfill a purpose (5)
10. Come out better in a competition (4)
12. Preserved in a pot (6)
13. How a result is obtained or an end is achieved (4)
14. Anything apparently limitless in quantity or volume (4)
15. An informal term for a father; (4)
19. Considers (4)
22. Scrape gently (4)
23. Pointing out something (4)
24. More comfortable (6)
25. The amount by which the cost of a business exceeds its revenue (4)
27. Bring out an official document (5)
28. Directions for making something (6)
29. Travel on the surface of water (4)
30. Migrate between salt and fresh water (5)

Down

1. The state of being well-known and much spoken about (4)
2. A trial of something to see if or how it works (4)
3. The course along which a person has walked or is walking in (5)
4. Persist for a specified period of time (6)
5. Fight against or resist strongly (6)
9. (meat) cooked by dry heat in an oven (5)
10. A relation that provides the foundation for something (5)
11. Stop sleeping (5)
16. Bearing in mind (5)
17. A small hard fruit (5)
18. A column of light (5)
20. Remove from memory or existence (6)
21. The vital principle or animating force within living things (6)
23. Put to the test (5)
25. A pause for relaxation (4)
26. Fall in drops (4)

MAZE #01

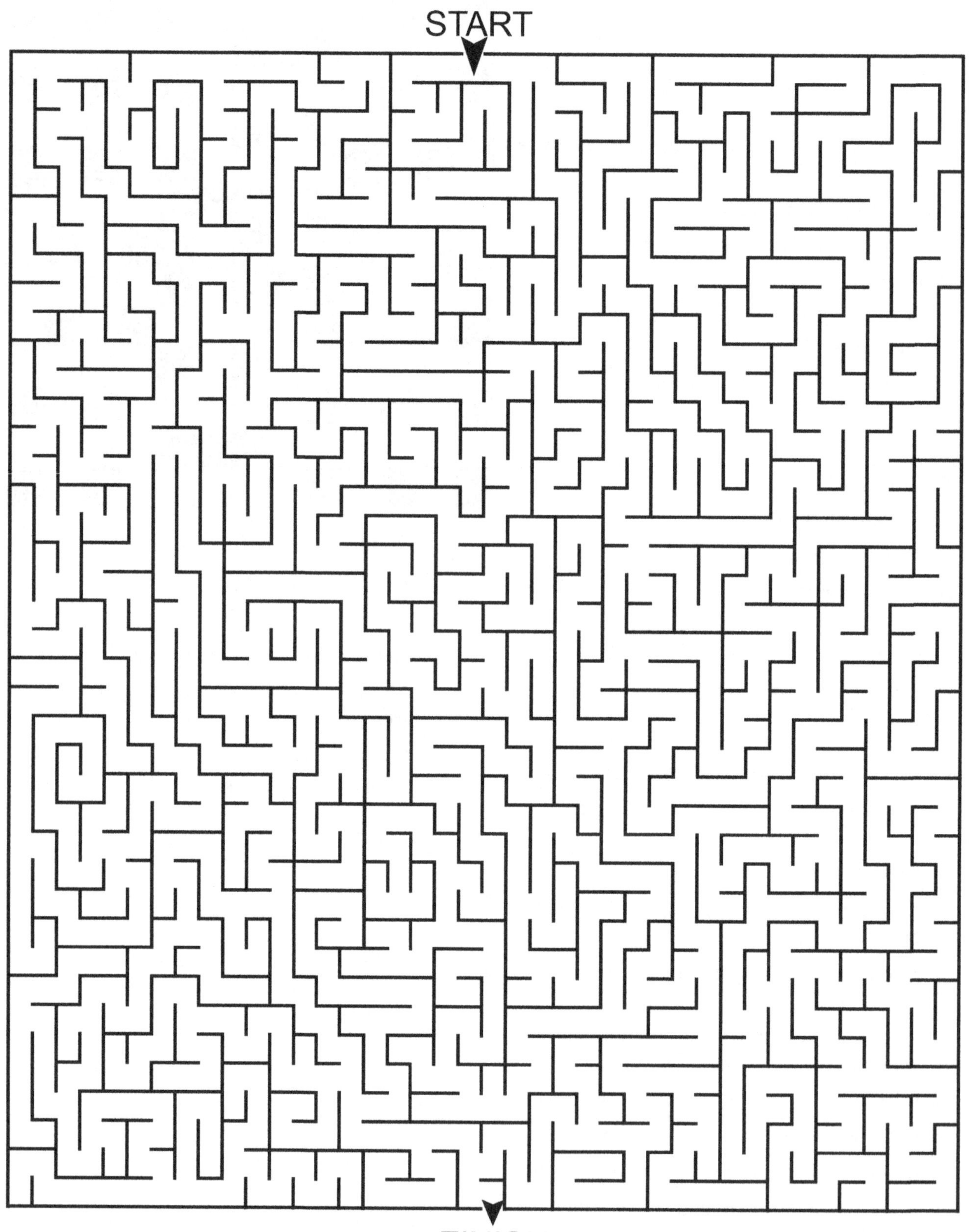

SPRING #02

O	S	R	E	D	U	J	G	P	M	K	T	O	S	O
Y	J	N	V	U	S	L	E	Q	I	I	Q	E	D	R
H	U	S	I	R	X	V	X	F	L	Q	H	I	D	B
J	B	C	R	O	C	U	S	O	A	S	H	W	G	A
A	B	R	S	I	Z	S	Y	A	O	Z	W	L	B	B
C	V	U	E	I	R	V	V	L	V	Z	P	M	W	U
V	X	E	L	E	D	W	A	O	R	H	A	F	J	T
G	L	O	W	B	Z	G	L	F	K	L	U	M	H	T
X	H	O	V	O	S	E	N	X	A	I	Q	B	Y	E
B	L	O	S	S	O	M	G	S	R	A	C	C	G	R
F	L	W	C	P	H	A	G	B	U	N	N	Y	R	F
B	T	O	U	Q	N	G	P	I	Q	D	E	Z	O	L
O	H	G	O	U	E	F	Z	R	N	H	X	O	W	Y
R	H	V	K	M	U	J	P	T	I	H	A	T	C	H
N	H	R	U	L	L	E	F	H	V	L	T	S	L	S

APRIL	BULBS	FOAL
BIRTH	BUNNY	GALOSHES
BLOOM	BUTTERFLY	GROW
BLOSSOM	CROCUS	HATCH
BORN	EGGS	JUNE
BREEZE	FLOWERS	LAMB

PUZZLE #02

1	■	2	3	4		5	■	6	7		8	
9					■	10				■		■
	■	11			12		■	13		14		15
16	17		■	18			19		■	20		
21			22			■	23		24			
■		■		■	25	26 R					■	
27		28		29	■	A	■	30			31	
	■	32			33	Y	34	■		■		■
35	36					■	37	38		39		40
41			■	42		43			■	44		
45			46		■	47			48		■	
■		■	49				■	50				
51					■	52					■	

3 Letters

AIM
ALL
ART
AWE
HAS
MAT
ORE
OWE
RAY
ROD
TWO

4 Letters

ARMY
DREW
EVIL
LORD
SEES
SPIN
TORN
WEAR

5 Letters

ACIDS
APRON
ARISE
ATTIC
COSTS
DENSE
DRESS
EDGES
FIELD
GLARE
JAPAN
KNELT
LARGE
LEVER
NOSES
ONION
RAISE
SEEDS
SLICE
SMILE
STAMP
TASKS
TASTE
TIGHT
TONES
TRAIL
TREAT
TYRES

6 Letters

ALWAYS
DROWNS
GLIDER
PATTED
PREFER
WAKING

7 Letters

JIGSAWS
SWEATER

PUZZLE #02

10	19 U	16 L	10	24	■	23	2	26	5	15	■	16 L	■	24
2	■	■	5	■	■	2	■	19 U	■	2	1	2	15	6
8	■	13	22	2	20	6	■	8	2	1	■	18	■	2
■	■	■	13	■	■	20	■	■	■	12	6	2	16 L	11
24	20	2	15	7 F	■	4	2	6	13	3	■	■	■	24
6	■	20	■	2	■	■	■	2	■	■	■	25	■	■
5	19 U	6	■	10	16 L	2	25	9	■	17	19 U	12	16 L	6
15	■	12	■	16 L	■	21	■	13	■	19 U	■	8	■	13
23	5	18	12	13	■	7 F	13	25	20	13	■	4	13	15
■	■	13	■	■	■	19 U	■	■	■	13	■	6	■	23
2	■	■	■	5	12	16 L	13	3	■	15	13	24	6	24
6	4	12	13	7 F	■	■	■	13	■	■	15	■	■	■
16 L	■	15	■	6	5	1	■	24	20	5	15	13	■	2
2	10	5	18	13	■	5	■	9	■	■	5	■	■	25
24	■	25	■	25	5	6	13	24	■	20	15	2	14 Z	11

1	2	3	4	5	6	7	8	9	10	11	12	13
						F						
14	**15**	**16**	**17**	**18**	**19**	**20**	**21**	**22**	**23**	**24**	**25**	**26**
Z		L			U							

ABCDEFGHIJKLMNOPQRSTUVWXYZ

PUZZLE

			3	6		7	8	
				8	5			4
2	5			1		3	9	
1				3	4	8	2	
6		3				9		1
	8	2	1	5				3
	3	9		4			7	2
8			7	2				
	2	7		9	1			

		7			1		9	6
		9		7	6	5	3	2
	5			9		4	1	
				6	9		2	8
		5	2		3	7		
9	1		7	8				
	9	6		3			8	
2	3	8	9	4		6		
5	4		6			9		

PUZZLE #02

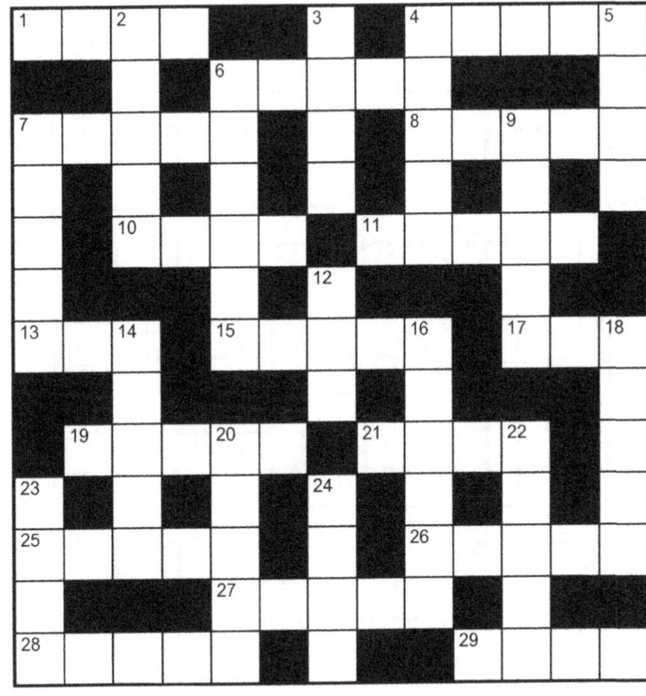

Across

1. Lacking bodily or muscular strength or vitality (4)
4. Produce tones with the voice (5)
6. Relative magnitude (5)
7. An empty area (5)
8. Small Old World songbird with a reddish breast (5)
10. Anything that provides inspiration for later work (4)
11. Transport from one place to another (5)
13. Male possessive pronoun (3)
15. A deceitful or treacherous person (5)
17. A large open vessel for holding or storing liquids (3)
19. Characterized by obscenity (5)
21. A person belonging to the worldwide group claiming descent from Jacob (or converted to it) and connected by cultural or religious ties (4)
25. Conforming to an ultimate standard of perfection or excellence (5)
26. A device in which something (usually an animal) can be caught and penned (5)
27. A mark that is long relative to its width (5)
28. The activity of persuading someone to buy (5)
29. Give temporarily (4)

Down

2. A member of a Semitic people (5)
3. A gentle blow (4)
4. Act to fulfill a purpose (5)
5. Cause to go somewhere (4)
6. The cardinal number that is the sum of six and one (6)
7. Coming next after the fifth and just before the seventh in position (5)
9. Destroyed or badly damaged by fire (5)
12. Ratio of the opposite to the adjacent side of a right-angled triangle (3)
14. The territory occupied by one of the constituent administrative districts of a nation (5)
16. A special set of circumstances (6)
18. Penalty area (5)
20. Give evidence (5)
22. Cast a shadow over (5)
23. A young person of either sex (4)
24. Located at or near the back of an animal (4)

MAZE #02

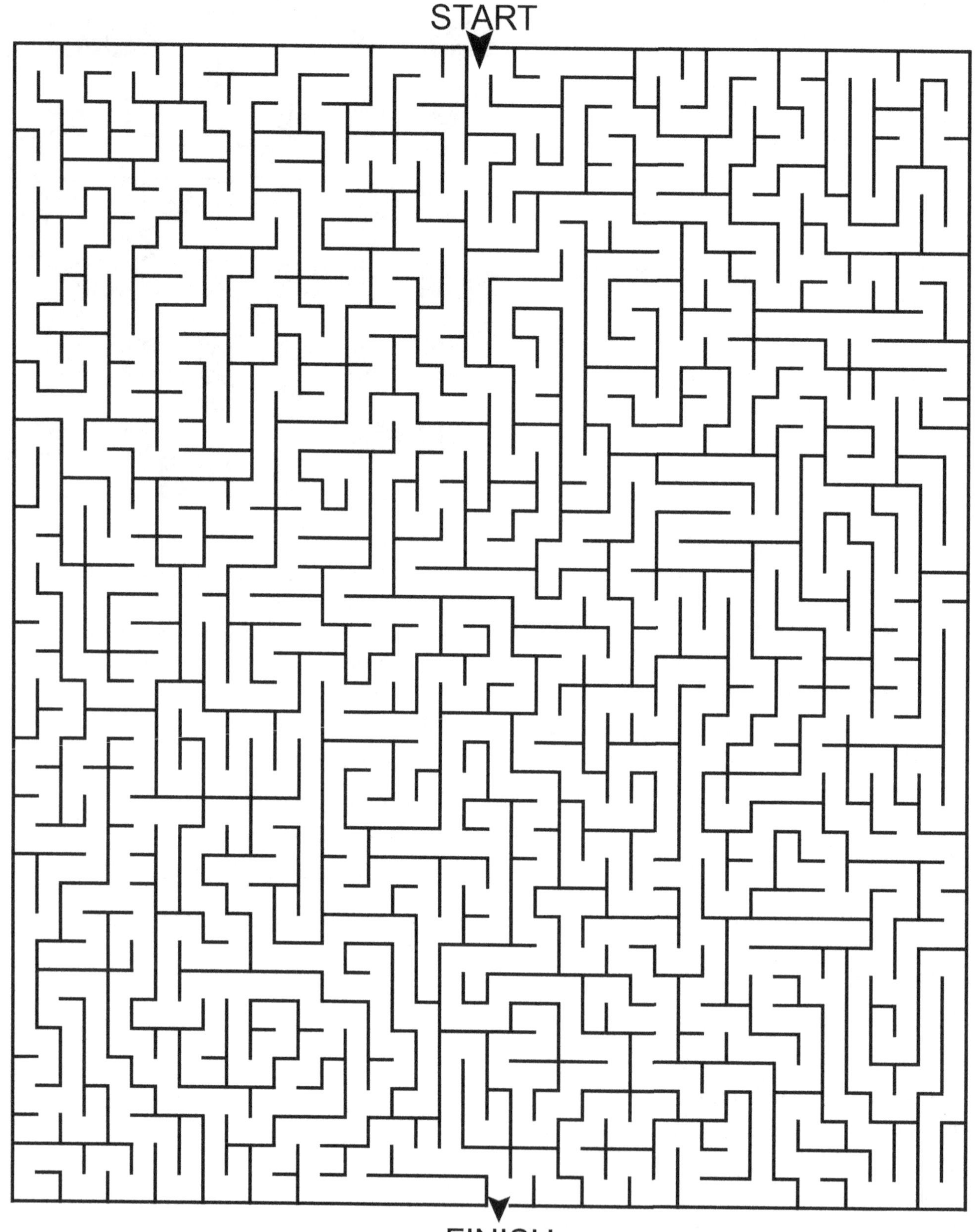

COUNTRIES #03

E	H	Z	X	L	L	Q	V	R	I	J	G	Q	P	U
T	V	R	K	G	E	Z	V	A	Z	D	M	A	I	O
H	F	V	M	W	C	D	A	Q	I	M	N	V	I	O
I	G	M	M	A	E	R	A	Y	X	I	Y	U	T	B
O	Y	B	R	A	Z	I	L	T	H	B	V	E	H	L
P	I	L	U	T	R	A	S	C	Q	P	I	Y	A	Z
I	M	P	P	E	I	I	N	D	O	N	E	S	I	A
A	G	Y	G	S	T	T	H	K	B	K	T	G	L	K
A	G	I	S	J	J	E	A	J	R	I	N	E	A	A
E	N	U	M	L	C	Z	W	U	A	W	A	R	N	J
I	R	B	W	N	I	F	T	I	G	P	M	M	D	O
T	M	V	A	X	T	N	V	U	U	C	A	A	G	P
A	Y	R	E	G	M	X	D	R	P	U	U	N	V	M
L	F	M	E	X	I	C	O	I	X	N	O	Y	F	Y
Y	L	L	Q	D	Y	C	Q	Z	A	C	I	R	A	N

BRAZIL
CHINA
CONGO
EGYPT
ETHIOPIA
FRANCE
GERMANY
INDIA
INDONESIA
IRAN
ITALY
JAPAN
MEXICO
NIGERIA
RUSSIA
THAILAND
TURKEY
VIETNAM

PUZZLE #03

3 Letters

AGO
AWE
HUM
LAP
PEG
SHE
SUN
TOE

4 Letters

AREA
DEER
ELSE
EVER
EYES
HERO
IDEA
MAKE
MIST
NEWS
OATS
RAFT
READ
SLOW
SOON
TEAR
TRUE
USED

5 Letters

ADDED
AIMED
ALIVE
AREAS
ARGUE
AWARE
CARGO
COSTS
DESKS
DRIVE
FIELD
HELPS
LIVER
MAPLE
MOIST
ODOUR
ORGAN
PILES
READS
ROPES
ROUTE
SAFER
SMELT
STARE
VERSE

6 Letters

RATTLE
RIVERS

PUZZLE #03

■	15	19	26	1	6	7	■	26	■	7	12	26	23	2
13 J	■	16 O	■	18	■	15	11	15	23	4	■	■	■	■
10	■	15	25	15	23	26	■	5 L	■	24	23	15	14	14
14	■	26	■	24	■	14	19	7	12	7	■	11	■	11
26	15	14	26	7	■	■	■	■	■	14	5 L	15	6	7
■	11	■	■	14	26	10	25	1	4	■	■	22	■	7
13 J	15	23	14	■	15	■	23	■	1	■	11	7	14	26
■	23	■	■	■	22	12	1	26	14	■	■	■	25	■
26	7	15	23	■	7	■	14	■	19	■	4	23	7	11
15	■	4	■	■	14	2	18	21 B	16 O	5 L	■	■	23	■
21 B	7	15	18	14	■	■	■	■	■	15	26	16 O	18	14
5 L	■	25	■	3	10	26	19	3	■	9	■	19	■	25
7	17	26	23	15	■	3	■	16 O	5 L	1	6	7	■	15
■	■	■	■	8	23	15	1	5 L	■	7	■	15	■	12
20	10	1	7	26	■	26	■	4	10	23	1	12	24	■

1	2	3	4	5	6	7	8	9	10	11	12	13
				L								J
14	15	16	17	18	19	20	21	22	23	24	25	26
		O					B					

ABCDEFGHIJKLMNOPQRSTUVWXYZ

PUZZLE

3					9	2		4
	4			5			9	
	5	2	6			7	1	
			4	9		6	7	5
			7	6	3			
6	7	4		2	5			
	2	5			6	1	8	
	3			8			4	
1		9	3					7

8			1		7			6
		6	3		5	9		
	7	4		2			1	
5	4		6			8	3	
	2	8	4		9	7	6	
	6	3			8		9	1
	5			8		3	2	
		7	5		2	6		
4			7		3			9

PUZZLE #03

Across

3. Perceives (sound) via the auditory sense (5)
6. A world leader in electronics and automobile manufacture and ship building (5)
7. The act of giving an account describing incidents or a course of events (4)
9. Continuing or remaining in a place or state (5)
10. Printed characters (4)
12. Semiaquatic and terrestrial species (4)
13. A soft thin (usually translucent) paper (6)
14. Travel through water (4)
15. The property of a body that causes it to have weight in a gravitational field (4)
18. Mock or make fun of playfully (5)
20. The cardinal compass point that is at 90 degrees (4)
23. Accumulate money for future use (4)
24. Respond (6)
26. An implement used to propel or steer a boat (4)
27. A trial of something to see if or how it works (4)
29. Frogs (5)
30. Happen, occur, take place (4)
31. Covered with a firm surface (5)
32. Paper used for writing or printing (5)

Down

1. Be out of line with (4)
2. One side of one leaf (of a book or magazine or newspaper or letter etc.) or the written or pictorial matter it contains (4)
4. Inhabits much of the Middle East and northern Africa (5)
5. An organized structure for arranging or classifying (6)
8. Interpret something that is written or printed (5)
9. Change one's facial expression by spreading the lips, often to signal pleasure (5)
10. A small amount eaten or drunk (5)
11. A symptom of some physical hurt or disorder (5)
16. Not in a state of sleep (5)
17. Orally recite the letters (5)
19. A mark of a foot or shoe on a surface (5)
21. Bearing in mind (5)
22. A brief experience of something (6)
25. An alternative name for the body of a human being (5)
27. A tropical evergreen shrub (4)
28. Cook slowly and for a long time in liquid (4)

MAZE #03

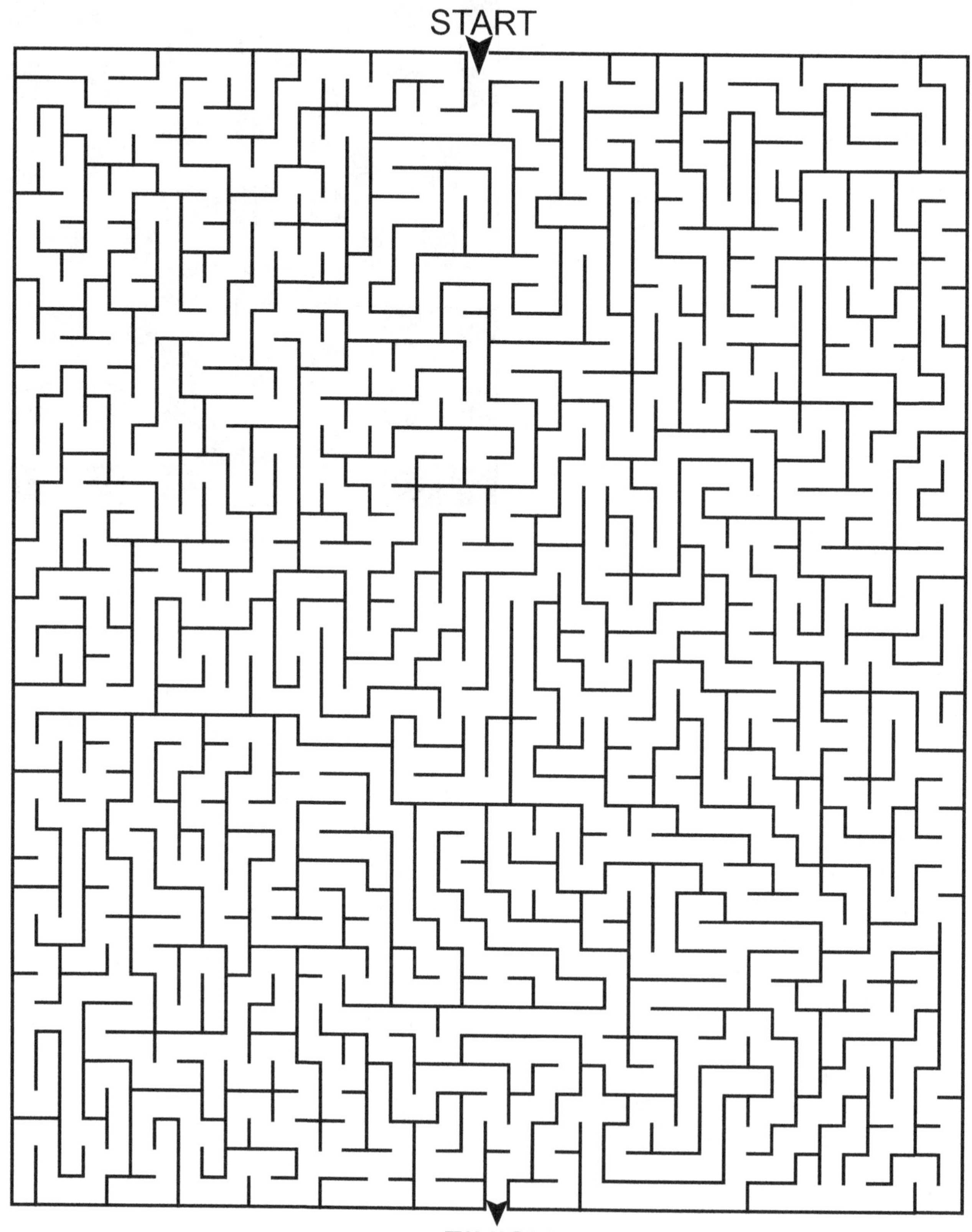

JOB APPLICATION #04

H	B	V	Y	E	W	C	A	D	D	R	E	S	S	O
B	E	A	F	J	D	Z	O	N	A	C	Z	Q	G	F
I	Q	A	G	E	S	I	J	U	J	B	L	G	J	U
R	A	G	R	V	D	P	P	R	N	P	D	E	R	Y
T	X	X	B	I	Z	U	E	L	E	T	D	N	T	O
H	U	S	B	A	N	D	C	C	O	O	R	I	Y	F
D	J	H	A	A	N	G	N	A	C	M	C	Y	I	M
A	Q	G	N	E	E	E	P	A	T	F	A	Y	O	R
Y	O	G	G	F	I	R	E	D	P	I	O	R	K	D
C	X	R	J	R	L	R	R	F	D	P	O	E	J	A
M	Z	X	E	A	A	H	H	R	E	I	L	N	T	T
K	A	P	S	C	H	O	O	L	H	M	L	Y	A	E
W	X	N	J	Z	D	C	F	A	M	M	A	Y	A	L
E	E	L	E	M	E	N	T	A	R	Y	G	L	M	M
N	Z	L	V	R	F	N	J	P	K	T	M	C	E	R

ADDRESS
APPLY
AREA CODE
BIRTHDAY
CITY
COUNTRY
DATE
DIPLOMA
EDUCATIONAL
ELEMENTARY
EXPERIENCE
FEMALE
FIRED
GENDER
HEARING
HUSBAND
RECORD
SCHOOL

PUZZLE #04

1	■	2	3		4	5	■	6	7	8		9
10				■	11						■	
	■	12		13			■	14			15	
16 N	17 O	R	■	18			19		■	20		
21			22			■		■	23			
■		■	24			25		26		■	■	
27					■		■	28			29	
	■	■	30		31		32			■		■
33	34	35		■		■	36			37		38
39			■	40		41			■	42		
43			44		■	45			46		■	
	■	47						■	48			
49					■	50					■	

3 Letters

GET
HOG
ITS
NOR
OAR
PEA
PIE
RAT
RED
SEE
SET
TIN
WAR

4 Letters

DARE
INTO
ORAL
OWLS
ROPE
SEAL
SEES
SOLO
THAT
TONE

5 Letters

ABOVE
ADAPT
AGAIN
AGENT
ARISE
DATES
ERASE
FLOOR
GHOST
GLARE
LORDS
PRINT
SLANT
SLEPT
STONE
STOOP
STORE
TREES
USING
WASTE

6 Letters

ASSURE
GREASE
ISRAEL
MOTHER
NEEDLE
SLOPES
SMILES
SPEARS

7 Letters

BUSIEST
FORWARD
SETTLES
VERSION

PUZZLE #04

9	■	9	■	9	3	26	21	9	■	■	11	■	■	4 O
21	1 R	3	9	21	■	21	■	24	4 O	7	21	9	■	14
21	■	26	■	24	1 R	3	20	21	■	■	24	■	■	21
9	24	3	16	9	■	5	■	3	■	19	4 O	26	26	16
■	■	22	■	■	■	■	■	6	■	■	■	2	■	21
24	■	9	21	24	24	26	21	■	4 O	5	21	7	21	22
23	■	■	■	3	■	21	■	13 F	■	3	■	20	■	■
16	21	24	■	26	12	7	6	12	7	8	■	23	2	15
■	■	1 R	■	6	■	22	■	1 R	■	21	■	■	■	3
9	17 Q	2	3	9	23	■	9	21	21	9	3	18	■	7
21	■	9	■	■	■	1 R	■	■	■	■	■	12	■	■
3	20	24	4 O	1 R	■	12	■	24	■	9	12	10	21	9
9	■	■	2	■	■	22	1 R	3	15	3	■	3	■	24
4 O	■	5	1 R	12	15	21	■	25	■	13 F	4 O	1 R	20	21
7	■	■	9	■	■	9	5	12	7	21	■	22	■	18

1	2	3	4	5	6	7	8	9	10	11	12	13
R			O									F

14	15	16	17	18	19	20	21	22	23	24	25	26
			Q									

ABCDEFGHIJKLMNOPQRSTUVWXYZ

PUZZLE

	7			4				
9		5	2	7				1
6			8	9	1	7		
		9				1		4
2	6	8				3	9	7
7		1				8		
		6	9	2	5			3
3				1	8	9		6
				3			1	

			6		7	8		5
	5	7		9				6
6	9			5	3		1	7
3	1			8	6			
	4		3		5		8	
			9	2			3	1
1	2		5	7			6	8
4				3		5	2	
9		5	4		2			

PUZZLE #04

Across

1. Not in physical motion (6)
7. Flown in wind at end of a string (5)
8. Polices (4)
10. A particular instance of buying or selling (5)
11. Not in active use (4)
13. Informal term for a difficult situation (4)
15. Man with strong sexual desires (4)
16. The least favorable outcome (5)
18. A thick flat pad used as a floor covering (4)
20. Comes across (4)
22. A ruminant mammal with antlers and hooves of the family Cervidae (4)
23. Once more (5)
25. The location where something is based (4)
26. Gross revenue (5)
27. Throw or cast away (6)

Down

2. A cooperative unit (4)
3. A small amount eaten or drunk (6)
4. Coated (5)
5. Having vision, not blind (6)
6. Construct (4)
9. Proportion (5)
12. Go away from a place (5)
14. Wipe off (5)
17. A thin paper or plastic tube used to suck liquids into the mouth (5)
19. Disperse widely (6)
20. The meaning of a word or expression (6)
21. Charge per unit (5)
22. A prescribed selection of foods (4)
24. Growth of hair covering the scalp of a human being (4)

MAZE #04

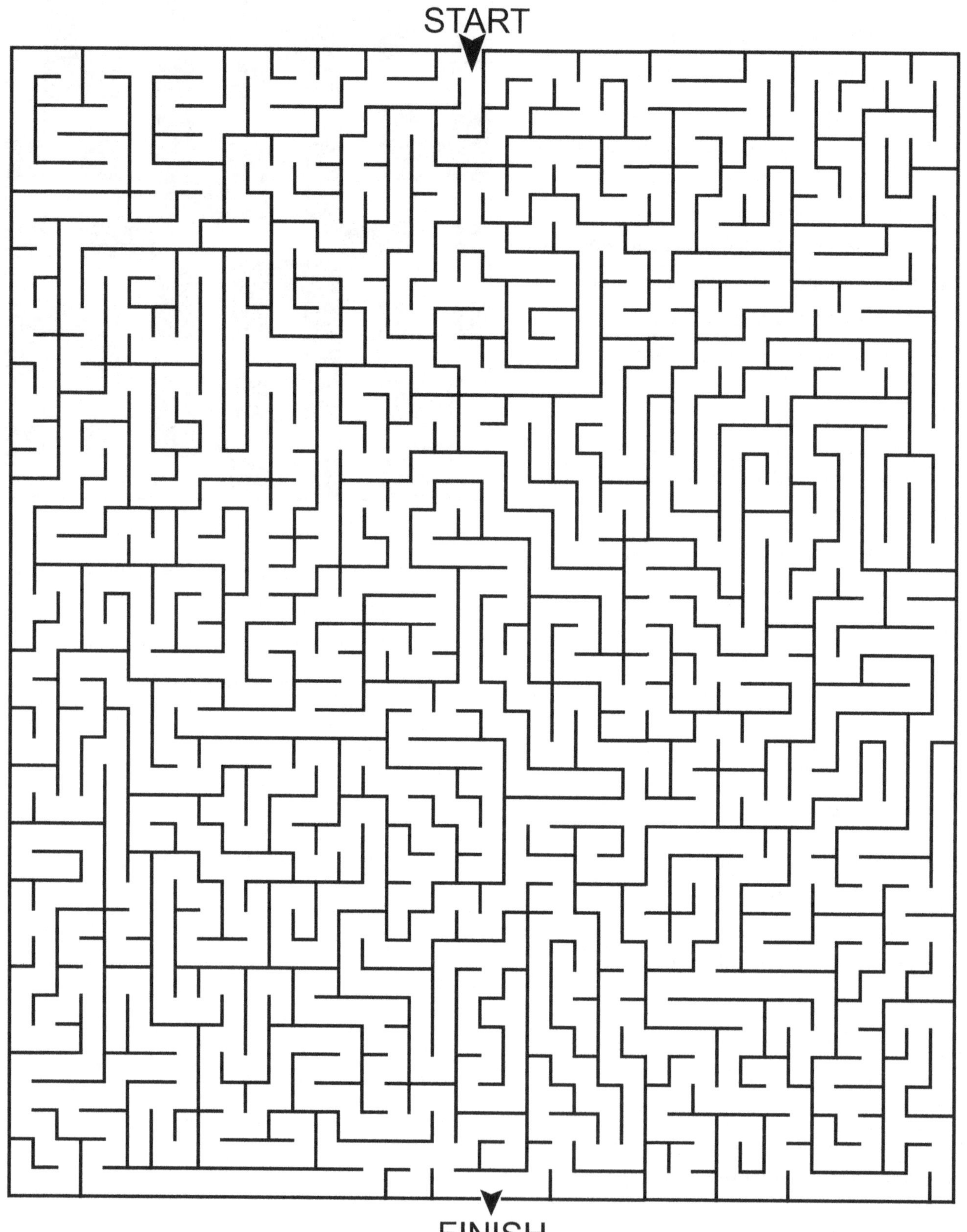

CAR PARTS #05

O	Y	V	L	K	G	C	T	V	M	Z	N	R	W	P
A	D	N	C	A	G	K	T	M	U	B	O	Z	E	G
O	S	O	N	W	W	F	Q	F	Q	T	J	B	N	S
T	L	P	M	P	L	R	D	C	A	Q	T	V	X	E
M	S	A	W	E	O	A	P	N	Y	L	Q	T	E	A
A	X	L	E	W	T	M	R	F	O	E	F	J	J	T
N	J	A	F	H	Q	E	D	R	D	I	J	G	A	Y
I	J	R	M	U	T	Q	R	U	H	M	J	J	N	F
F	M	M	L	L	E	W	E	S	U	W	J	D	T	T
O	V	U	A	H	A	L	I	G	H	T	S	E	E	I
L	P	G	F	S	W	T	M	J	R	C	S	K	N	O
D	X	F	K	F	X	C	T	A	K	U	S	A	N	Y
O	K	B	L	W	L	I	X	C	F	A	C	U	A	C
O	J	V	F	D	J	E	P	K	G	M	O	T	O	R
A	I	B	T	N	F	O	R	V	J	P	E	O	A	C

ALARM
ALTERNATOR
ANTENNA
AUTO
AXLE
FRAME
FUEL
FUSE
GASKET
JACK
LIGHTS
LOCK
MANIFOLD
MOTOR
MUFFLER
ODOMETER
SEAT
SHIFT

PUZZLE #05

1	■	2	3		4	■	5	■	6	7		8
9	10			■	11			12	■		■	
13						■	14				■	
■		■		■	15	16			■	17	18	
19 P	I	20 N	■	21				■	■	■		■
	■	22					■	23		24		25
26	27		■		■	■	■		■	28		
29					■	30	31				■	
■		■	■	■	32				■	33	34	
35		36	■	37				■	38	■		■
	■	39				■	40			41		42
	■		■	43				■	44			
45				■		■	46				■	

3 Letters

ANT
BET
CAR
CAT
DEW
GAP
HAS
HOT
PIN
SAD
SEE
SET
TOP
USE

4 Letters

AGES
AREA
BAIT
BASE
BEES
CABS
DEAL
EASE
EAST
EVEN
EXIT
FROM
HAUL
HEAR
MADE
MESS
MOAN
MOOD
NETS
PAST
ROOT
RUNS
SAND
SANG
SHIP
SORT
STAR
STOP
TAXI
THAN

5 Letters

BORED
CLOWN
EVENT
RISES
TASKS
TIMID

6 Letters

EASELS
LESSON
LITTLE
TRACED

PUZZLE #05

9	10	10	5	■	11	24	5	10	■	24	16	8	24	2
■	26	■	■	2	■	20	■	17	■	■	■	10	■	21
13 P	19 Y	18 J	11	8	11	2	■	21	■	15	11	21	10	23 R
■	13 P	■	■	16	■	7	16	23 R	2	10	■	11	■	11
2	21	3	6	25	19 Y	■	■	11	■	11	5	5	16	15
7	■	14	■	10	■	11	■	■	■	4	■	■	■	■
10	14	1	2	■	9	23 R	10	10	22	10	■	2	11	1
5	■	10	■	■	■	10	■	19 Y	■	■	■	14	■	23 R
9	16	17	■	2	21	11	19 Y	10	1	■	26	11	8	10
■	■	■	■	21	■	■	■	1	■	15	■	13 P	■	2
12	20	10	20	10	■	24	■	■	13 P	11	2	2	10	2
20	■	1	■	13 P	10	11	25	2	■	4	■	■	4	■
10	1	26	10	2	■	6	■	13 P	5	10	11	1	10	1
10	■	10	■	■	■	25	■	11	■	2	■	■	14	■
23 R	3	1	26	10	■	2	20	14	26	■	15	3	21	7

1	2	3	4	5	6	7	8	9	10	11	12	13
												P
14	15	16	17	18	19	20	21	22	23	24	25	26
				J	Y				R			

ABCDEFGHIJKLMNOPQRSTUVWXYZ

PUZZLE

	1				4	9		
			6	8			2	7
4	2		3			1	6	
9		8	2				7	
	7				5	8		6
	8	9			6		5	2
7	6			9	2			
		4	5				8	

2					5	6	4	9
	4	8					1	7
	9			7		5		
7		4			6	2	3	
1			7		2			6
	6	2	1			9		4
		5		9			2	
9	1					7	6	
6	2	7	3					5

PUZZLE #05

Across

2. Go different ways (5)
7. A movable barrier in a fence or wall (4)
8. Overseas (6)
9. The quality of a person's voice (5)
10. A domesticated animal kept for companionship or amusement (4)
12. Express gratitude or show appreciation to (5)
14. Times of year (7)
15. A group of wild mammals of one species that remain together (5)
18. A short distance (5)
21. Adult female (7)
23. Give up what is not strictly needed (5)
25. Write using a keyboard (4)
27. Having the same or nearly the same characteristics (5)
28. A very famous person (6)
29. Move smoothly along a surface (4)
30. Collect or move dirt by moving a brush, hand (5)

Down

1. Disappearance (4)
2. Puts (4)
3. For an extended time or at a distant time (4)
4. Take a sample of (5)
5. Produce (6)
6. Missed (6)
10. Mails (5)
11. Do business (5)
13. Skips (4)
15. Employ (4)
16. Showery (5)
17. An incident (5)
19. Examined (6)
20. Begged (6)
22. Small balls with a hole through the middle (5)
24. Being satisfactory or in satisfactory condition (4)
25. Check for the presence of disease or infection (4)
26. Two items of the same kind (4)

MAZE #05

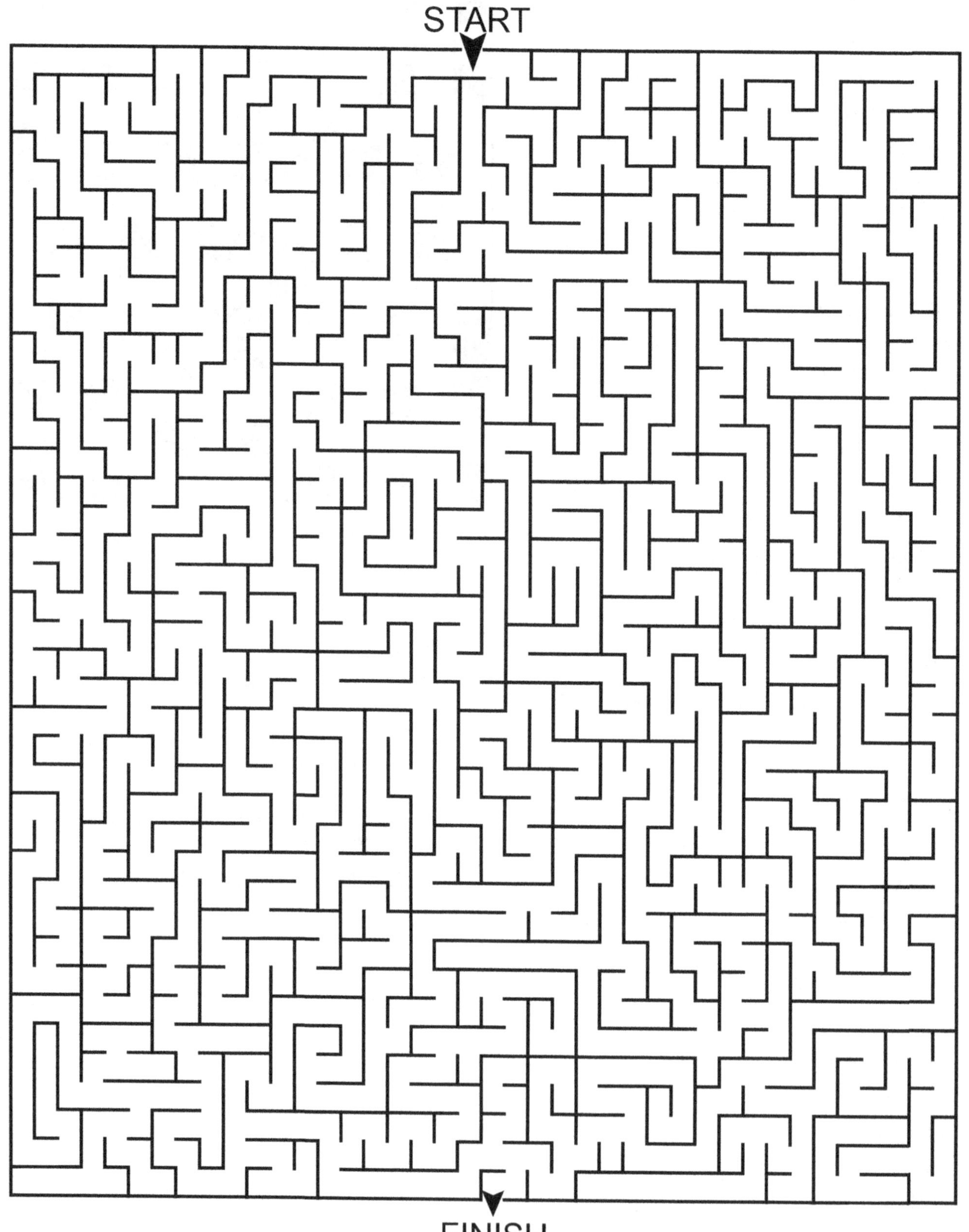

WATER #06

X	M	E	M	Q	L	H	Q	K	W	F	Y	E	C	P
K	S	F	I	H	C	U	D	C	B	R	I	N	E	X
B	M	L	N	I	E	R	F	R	O	S	T	K	K	V
P	N	W	O	M	A	R	Q	O	V	L	D	M	G	Z
O	L	F	K	Z	W	I	A	Y	B	I	Y	I	J	B
N	U	C	Z	A	Q	C	C	S	M	O	H	H	P	P
D	Q	I	P	O	N	A	T	U	L	Z	I	F	A	U
B	L	M	O	R	M	N	H	J	O	B	R	L	O	G
B	A	I	A	C	E	E	B	A	S	I	N	O	P	D
D	T	M	J	U	E	M	L	S	P	S	H	W	O	C
W	V	Y	L	K	L	A	K	I	F	J	J	O	O	E
H	Y	F	M	L	N	O	N	H	N	H	L	R	L	T
N	F	C	H	A	N	N	E	L	P	F	M	V	Q	D
E	V	W	C	K	S	Y	J	Z	V	K	T	A	V	S
V	G	E	B	E	V	Q	V	A	Q	U	A	P	W	N

AQUA
BASIN
BLIZZARD
BOIL
BRINE
CANAL

CHANNEL
DAMP
EFFLUENT
FLOOD
FLOW
FROST

HUMID
HURRICANE
LAKE
OCEAN
POND
POOL

PUZZLE #06

1	2	3	■	4		5		■	■	6		
7					■		■	8			■	■
9			■	10					■	11	12	13
14			15	■	■		■	16				
17				18	■	19	20		■	21		
■	■	■	22		23			■	■	24		
25	26	27				■	28	29	30			
31			■	■	32	33				■	■	■
34			■	35 C	O	W	■	36		37	38	39
40					■		■	■	41			
42			■	43				44	■	45		
■	■	46			■		■	47				
48			■	■	49				■	50		

3 Letters
ARC
ART
CAB
COT
COW
DIE
HER
ITS
LAW
NOW
ONE
RAN
RED
RUN
SAT
SHE
SIT
SPY
TOE
USE

4 Letters
CLAM
CLAW
HERE
INTO
LENT
MORE
NEAT
ROLL
ROPE
UGLY

5 Letters
ACIDS
ARROW
BASES
BRASS
EARTH
ERASE
NOISE
OASIS
PHASE
POLAR
RADIO
SEWED
SOLAR
STARS
STILL
SWEET
TITLE
TOTAL
TREES
TRIBE

6 Letters
ACCESS
BEATEN
OWNING
RADIOS

7 Letters
ANCIENT
INCLUDE

PUZZLE #06

18 O	■	4	10	24	9	21 F	■	7	3	25	26	16	24	26
8 B	■	■	■	19	■	18 O	■	3	■	■	■	25	■	25
22 J	3	12	14	24	■	2	26	25	11	4	■	13	■	6
24	■	26	■	23	■	■	■	20	■	6	12	24	25	9
20	18 O	25	9	■	15	25	9	13	■	1	■	23	■	4
16	■	17	■	5	■	15	■	■	■	24	■	■	13	■
4	5	25	12	24	■	25	9	4	18 O	■	19	6	23	24
■	24	■	■	26	■	26	■	18 O	■	5	■	■	18 O	■
9	25	6	12	■	26	24	25	9	■	25	26	25	8 B	4
■	13	■	■	16	■	■	■	25	■	12	■	4	■	15
20	■	5	■	18 O	■	4	3	26	21 F	■	21 F	6	23	24
10	25	26	17	4	■	16	■	■	■	25	■	12	■	25
25	■	6	■	4	9	25	23	16	■	20	26	24	5	16
4	■	1	■	■	■	11	■	3	■	26	■	■	■	24
24	23	24	17	6	24	4	■	8 B	9	24	24	12	■	26

1	2	3	4	5	6	7	8 B	9	10	11	12	13
14	15	16	17	18 O	19	20	21 F	22 J	23	24	25	26

ABCDEFGHIJKLMNOPQRSTUVWXYZ

PUZZLE

2		8			1		9	
9			6					
		5	9	7	3	8	4	
	1			6	7		5	
		2	8		9	4		
	8		2	5			7	
	5	6	1	9	8	7		
					5			9
	9		4			5		3

		8	4		1		3	9
				3		2	1	
				8		5		4
9	8	1			6		5	2
	7	2				6	8	
6	5		2			1	9	7
7		6		9				
	3	5		2				
8	9		5		7	3		

PUZZLE #06

Across

2. A protective covering worn over the face (5)
7. In the recent past (4)
8. Empower (6)
9. It's a piece of cake (5)
10. A writing implement with a point from which ink flows (4)
11. The beginning of anything (6)
14. Put out (5)
16. Existence (5)
18. Take from a lower to a higher position (5)
20. A grammatical category of verbs used to express distinctions of time (5)
23. One thing after another (6)
26. Go through (4)
27. Without support (5)
28. With grace (6)
29. Put one's foot down (4)
30. Looks like (5)

Down

1. Cake part (5)
2. Complicated situations (6)
3. Be afloat either on or below a liquid surface and not sink to the bottom (4)
4. Views (4)
5. A ceremonial procession including people marching (6)
6. Catches on (4)
12. A portable shelter (4)
13. The extent downward, backward or inward (5)
15. Female pronoun (3)
16. Exclude (3)
17. Beat (4)
19. Be agreeable or acceptable to (6)
21. Difficulty that causes worry or emotional tension (6)
22. A liquid necessary for the life of most animals and plants (5)
23. A short musical composition with words (4)
24. Pronounces (4)
25. Capital and largest city of Italy (4)

MAZE #06

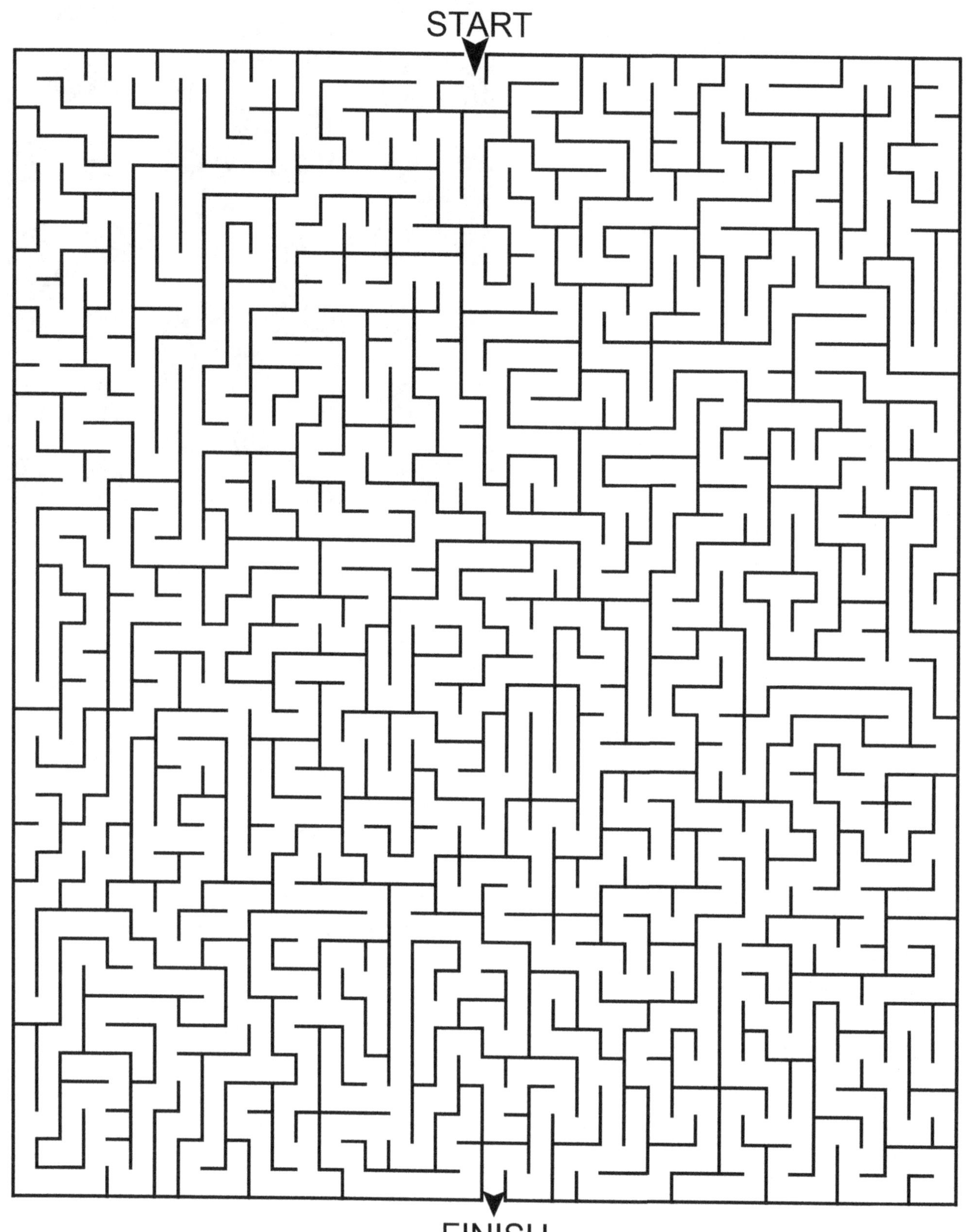

ZOO ANIMALS #07

K	A	N	G	A	R	O	O	R	R	C	C	K	C	V
H	G	S	M	J	K	E	R	A	Q	E	A	S	L	S
B	L	A	G	X	V	V	E	Y	T	N	Y	M	P	I
Z	L	N	V	D	K	B	A	B	O	E	C	S	E	H
L	Q	T	W	R	S	H	W	I	K	B	O	N	W	L
Y	A	E	Y	A	A	S	L	N	Q	V	U	A	D	J
A	X	A	I	T	R	S	O	C	E	Y	G	K	X	R
E	S	T	E	F	Z	M	T	S	R	N	A	E	E	M
Y	Z	E	B	R	A	N	A	Z	I	B	R	G	U	G
Z	H	R	B	X	A	S	Q	D	Y	D	D	T	T	U
C	B	F	N	H	N	T	E	W	I	A	F	A	I	Z
A	D	X	P	E	J	A	G	O	B	L	X	V	G	V
H	B	E	A	V	E	R	F	L	S	W	L	R	E	E
Q	L	U	F	U	A	M	L	F	H	R	W	O	R	H
E	G	I	R	A	F	F	E	R	X	M	K	M	K	B

ANTEATER
ARMADILLO
BADGER
BEAR
BEAVER
CAMEL

CHEETAH
COUGAR
ELEPHANT
GIRAFFE
KANGAROO
LION

LLAMA
MONKEY
SNAKE
TIGER
WOLF
ZEBRA

PUZZLE #07

1		2	3	■	4	5		6	■	7	■	8
	■	9					■	10				
11	12			■	13		14		■		■	
15			■	16				■	17		18	■
■	19				■	20		21	■	22 P	U	23 T
24	■	■	■	25					■	26		
27	28	29			■	■	■	30				
31			■	32	33	34			■	■	■	
35			■	36			■	37		38	39	■
■	40			■	41		42		■	43		44
45	■		■	46				■	47			
48					■	49					■	
	■		■	50				■	51			

3 Letters

ANT
ASK
DIE
DUE
HAM
HIS
JET
LAP
LOT
LOW
NAP
NOR
NOW
OUT
PUT
SIR
SUN
TIE

4 Letters

ASIA
BITE
BLED
COIL
DIES
EARN
FOND
KISS
MEAT
MERE
NOTE
OVAL
RAYS
SEWS
SOFA
SUIT
TAME
TEST
TYRE
WEPT
WEST
WONT

5 Letters

ALONE
AREAS
EDGES
FUNNY
NYLON
OCCUR
RESTS
TASTE
UNCLE
UNTIE

6 Letters

GRAINS
LEARNS
METRES
PERSON

7 Letters

CREATES
SCRIPTS

PUZZLE #07

6 V	21 I	23 B	16	2	12	26	■	■	■	23 B	1	1	12	3
1	■	16	■	25	■	4	1	3	26	16	■	5	■	2
12	16	21 I	5	19	■	6 V	■	25	■	26	2	12	26	25
26	■	26	■	4	■	26	16	2	3	26	■	1	■	17
■	1	11	11	26	16	3	■	19	■	15	26	23 B	16	2
■	17	■	4	■	■	■	■	26	■	26	■	26	■	4
8	1	4	26	3	■	2	4	3	1	■	2	16	12	3
■	14	■	3	■	■	■	1	■	■	■	4	■	22	■
2	16	5	22	■	18 J	14	13	3	■	12	1	17	2	20
16	■	1	■	10	■	8	■	■	■	■	25	■	25	■
12	26	9	8	1	■	10	■	3	24	14	26	2	19	■
21 I	■	8	■	16	26	2	5	22	■	12	■	16	■	16
3	8	4	21 I	12	■	16	■	1	■	12	10	21 I	5	26
12	■	26	■	22	2	17	25	12	■	26	■	3	■	17
3	21 I	7	12	20	■	■	■	3	12	16	26	26	12	3

1	2	3	4	5	6 V	7	8	9	10	11	12	13
14	15	16	17	18 J	19	20	21 I	22	23 B	24	25	26

ABCDEFGHIJKLMNOPQRSTUVWXYZ

PUZZLE

		6	9					
	9			6		2		
8		2	5		3		9	1
	3	9				8	4	
		8	4	5	9	3		
	5	4				9	1	
9	4		6		5	1		2
		3		2			6	
					8	5		

		5		1	4	8	9	
			6			1		
		6		7	8			5
	9	4	8				1	
6	2						4	8
	5				1	2	6	
7			4	8		3		
		2			3			
	3	8	1	9		6		

PUZZLE #07

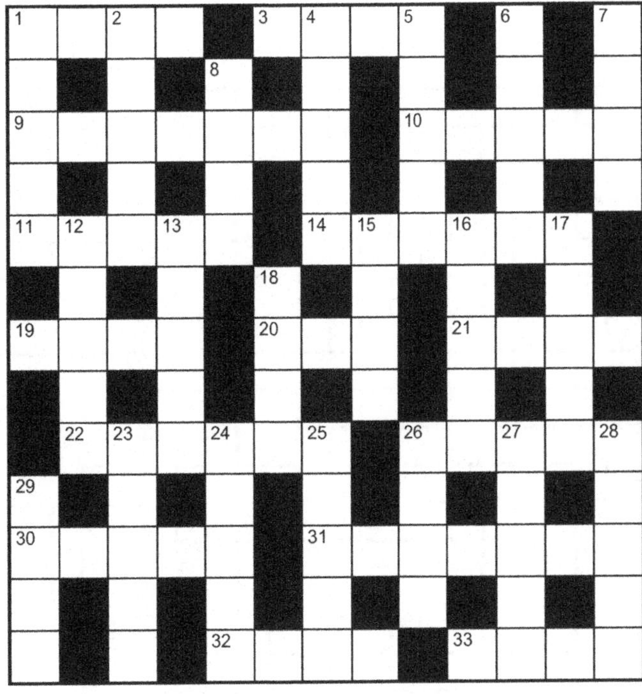

Across

1. Retained (4)
3. The facility where wild animals are housed for exhibition (4)
9. Incredible (7)
10. Gain knowledge or skills (5)
11. Changing location rapidly (5)
14. Samples (6)
19. The specified day of the month (4)
20. Balloon filler (3)
21. Drown (4)
22. Does salon work (6)
26. "___ Johnny!" (5)
30. Engine sounds (5)
31. Expect to be true; believe (7)
32. Your consciousness of your own identity (4)
33. Flower fanciers (4)

Down

1. Receives communication from someone (5)
2. Go away from a place (5)
4. Expresses that something is likely (5)
5. Income (at invoice values) received for goods and services over some given period of time (5)
6. Look at with fixed eyes (5)
7. A plant with a weak stem that derives support from climbing, twining, or creeping along a surface (4)
8. Agreeable, conducive to comfort (4)
12. Heights (5)
13. All (5)
15. A unit of area (4840 square yards) used in English-speaking countries (4)
16. Try out (5)
17. Excel (5)
18. Not widely distributed (4)
23. Mock or make fun of playfully (5)
24. Misses (5)
25. Motionless (5)
26. Get better (4)
27. Lift (5)
28. (farming) place (seeds) in or on the ground for future growth (5)
29. Face-to-face exam (4)

MAZE #07

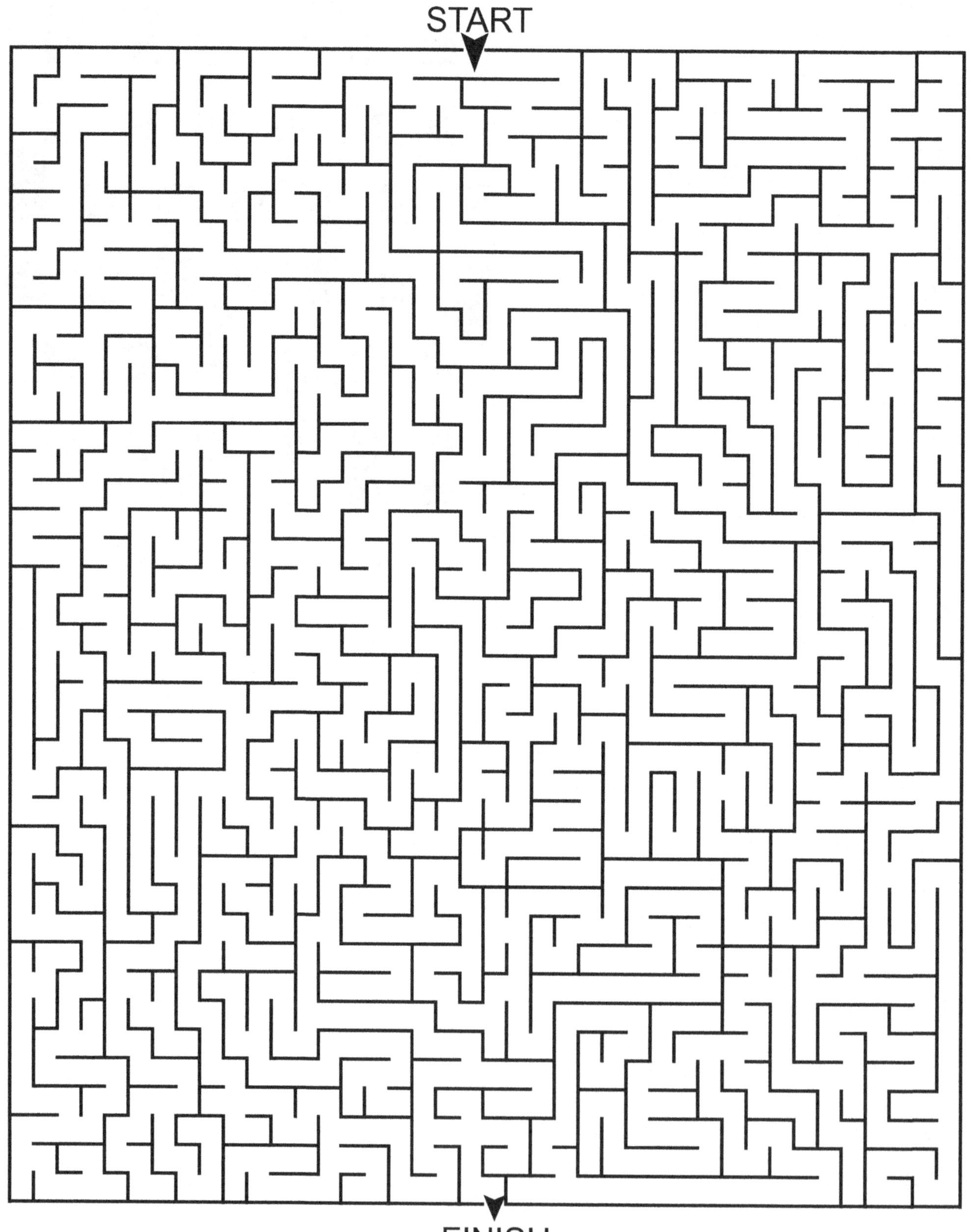

PEOPLE #08

F	C	T	B	S	R	M	V	W	H	M	R	J	M	F
G	R	N	D	Z	O	M	D	N	Z	E	B	H	H	D
P	N	E	I	G	H	B	O	R	N	A	A	C	I	P
R	S	W	S	S	B	R	O	T	H	E	R	D	N	E
U	S	B	E	H	T	Z	R	B	B	Q	G	Y	F	X
G	T	O	V	A	M	A	R	T	J	R	G	I	A	B
C	E	R	P	Y	P	A	J	E	J	U	I	N	N	R
Y	O	N	M	L	H	Y	N	B	L	Z	N	D	T	E
Z	D	L	T	C	W	X	U	D	N	A	T	I	E	T
H	Q	E	L	L	I	M	K	G	F	S	T	V	O	I
T	U	F	G	E	E	T	B	U	D	D	Y	I	K	R
K	K	M	I	M	A	M	I	J	Q	C	K	D	V	E
R	F	J	A	F	Z	G	A	Z	M	J	R	U	B	E
M	B	G	H	N	H	V	U	N	E	Q	V	A	V	Z
C	H	I	L	D	R	E	N	E	U	N	D	L	A	B

BRIDE
BROTHER
BUDDY
CHILDREN
CITIZEN
COLLEAGUE

FRESHMAN
GENTLEMAN
HUMAN
INDIVIDUAL
INFANT
JUNIOR

NEIGHBOR
NEWBORN
PARTNER
PATRON
RELATIVE
RETIREE

PUZZLE #08

1		2	■	3	4	5		6	■	■	7	■
	■	8					■	9		10		11
12	13		■	14					■	15		
16			17	■	■		■	18				
19				20	■	21	22		■	23 T	W	O
■		■	24		25			■	■		■	
26		27				■	28	29	30		31	
	■		■	■	32	33				■		■
34	35		■	36			■	37		38		39
40					■		■	■	41			
42			■	43			44	45	■	46		
47					■	48					■	
■		■	■	49					■	50		

3 Letters

ARC
ARE
ARM
GAS
HAY
ICY
NOR
OIL
OWE
PEA
RAG
RED
RUN
SIT
TAG
TWO

4 Letters

BEER
ENDS
LINE
REST
SAVE
WELL

5 Letters

ADMIT
AFTER
ASHES
COACH
DRIVE
EATEN
GLIDE
GROWL
HOURS
LATIN
MARSH
NOBLE
PLAIN
ROADS
ROARS
SCENE
SCENT
SCREW
SPELT
STEAM
SUITS
TEDDY
TORCH
WEAVE

6 Letters

ACCUSE
ANIMAL
HEROES
RATTLE
SEVERE
SHIRTS
SPEEDS
VOYAGE

PUZZLE #08

22	5	11	9 U	21	23 T	■	17	8	21	23 T	21	■	12	■
17	■	22	■	■	9 U	■	■	18 B	■	22	■	17	22	12
13	2	17	22	7	13	■	11	2	22	26	21	■	4	■
7	■	22	■	■	24	■	■	12	■	24	■	■	26	■
6	2	26	5	■	2	25	7	21	23 T	■	6	22	21	23 T
■	■	■	8	■	12	■	14	■	8	■	■	23 T	■	9 U
20	8	9 U	15	19	■	21	17	2	13	14	■	6	■	18 B
19	■	26	■	■	17	■	13	■	2	■	■	22	■	2
7	■	20	■	13	8	18 B	8	23 T	■	23 T	22	21	24	21
2	■	6	■	■	23 T	■	3	■	20	■	20	■	■	■
1	6	2	4	■	21	4	2	22	13	■	23 T	22	17	21
■	22	■	■	4	■	19	■	■	7	■	■	4	■	26
■	18 B	■	15	22	16 Z	2	5	■	21	20	13	22	17	2
18 B	2	5	■	3	■	13	■	■	7	■	■	24	■	22
■	6	■	6	2	3	2	6	■	21	10	9 U	2	22	24

1	2	3	4	5	6	7	8	9	10	11	12	13
								U				
14	15	16	17	18	19	20	21	22	23	24	25	26
		Z		B					T			

ABCDEFGHIJKLMNOPQRSTUVWXYZ

PUZZLE

9	1	7	8	5	4	2		
8	3	4	2				9	5
2								
				8		1		9
5			6	9	7			3
4		6		3				
								8
6	4				9	3	7	1
		9	3	1	8	6	4	2

3	1				7	8		
		6	1	5	8			3
4	8	7			6			
8	5		3			9		6
	4	9	6		5	3	8	
6		3			1		5	4
			8			6	3	7
7			5	2	3	4		
		4	7				2	8

PUZZLE #08

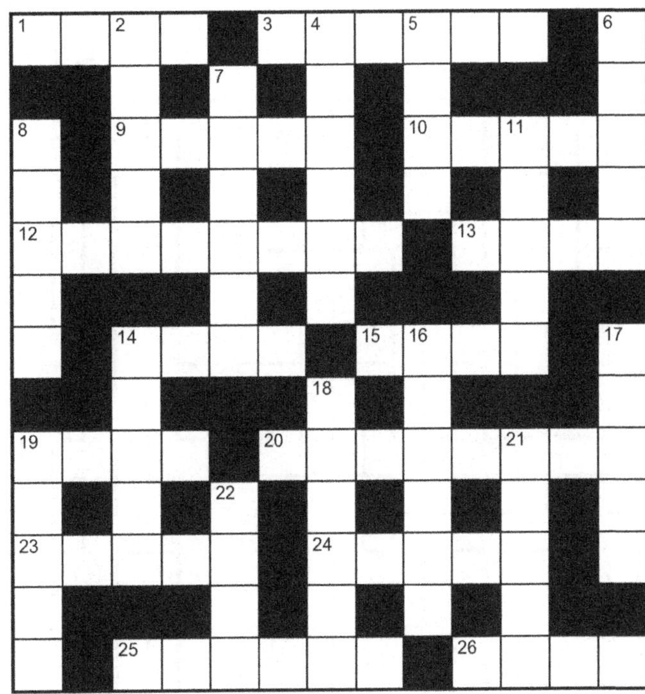

Across

1. Squad (4)
3. Having a relatively large diameter (6)
9. A light, self-propelled movement upwards or forwards (5)
10. Surgeon's assistant (5)
12. With respect to the mind (8)
13. Flower holder (4)
14. Envelope closer (4)
15. Somethings serving as a cover or protection (4)
19. Not straight (4)
20. Exceptionally bad or displeasing (8)
23. School assignment (5)
24. Devote, as time (5)
25. The trees and other plants in a large densely wooded area (6)
26. At this point (4)

Down

2. Book of maps (5)
4. Soak up (6)
5. Heaps (4)
6. A man who is a stupid incompetent fool (5)
7. The Great White North (6)
8. Transport (5)
11. An open way (generally public) for travel or transportation (5)
14. Brains (5)
16. United by being of the same opinion (6)
17. A composition written in metrical feet forming rhythmical lines (5)
18. Wolves (6)
19. Portions removed from the whole (5)
21. Symbol of authority (5)
22. Heineken, e.g. (4)

MAZE #08

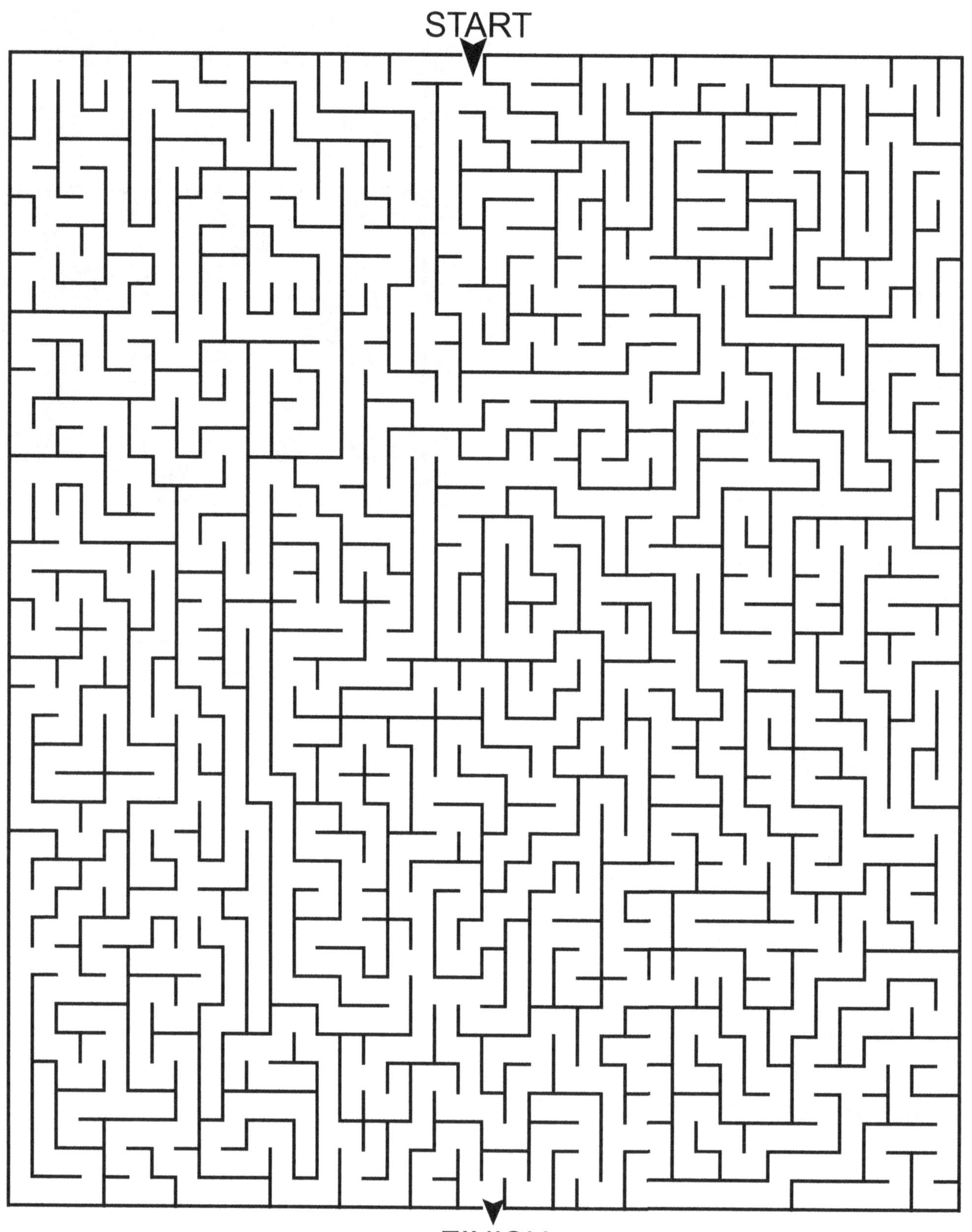

DENTIST #09

Z	C	F	F	W	D	L	W	H	X	G	T	A	M	G
U	H	E	X	L	L	D	B	R	H	A	R	I	N	D
B	S	L	M	I	U	V	K	T	V	R	J	I	I	Z
R	Z	L	R	E	D	O	J	D	Q	G	L	C	A	Q
I	C	D	U	C	N	R	R	W	F	L	A	I	C	L
D	P	U	F	A	L	T	S	I	I	E	R	V	H	Q
G	T	L	Z	V	C	D	F	F	D	E	Q	D	E	X
E	C	D	Z	I	L	T	C	T	T	E	N	S	Y	O
S	X	X	I	T	E	R	M	C	G	Y	P	E	D	V
D	B	U	U	Y	A	N	A	P	A	A	W	G	P	D
A	E	B	M	F	N	B	A	E	C	B	R	U	S	H
A	D	C	Y	U	I	Z	L	M	B	A	I	F	I	W
F	L	E	A	H	N	Y	Y	D	E	I	S	Y	E	A
N	Y	V	H	Y	G	L	F	L	B	L	T	H	G	G
D	E	N	T	I	S	T	A	K	N	K	C	E	N	A

ACHE
ACID
BACTERIA
BITE
BRIDGE
BRUSH
CAPS
CAVITY
CEMENT
CHEW
CLEANING
DECAY
DENTIST
DRILL
ENAMEL
FILLING
FLUORIDE
GARGLE

PUZZLE #09

3 Letters

AIR
ANT
ARC
DYE
FAR
GAS
HOP
MET
TIN
YEA

4 Letters

ADDS
ARAB
AREA
ARTS
CALF
CASE
CLAW
CLUE
CUTE
DEAF
ELSE
FACE
FOLD
HATE
HERO
IDLE
LATE
LIES
NINE
NUTS
ONES
OWLS
SEAS
SEES
SOFA
SPOT
STAR
STIR
SWAN
TAME
TEST
THEE
TOOL
WAGE
WAYS
YOGA

5 Letters

ADDED
ALOUD
DRAMA
EAGER
HEARS
ROMAN
SCALE
SHEDS

6 Letters

DRAWER
RETIRE

PUZZLE #09

17	25	11	8	■	9	■	7	13	10 L	2	7	■	■	■
■	3	■	11	10 L	15	16	25	■	15	■	15	18	10 L	7
■	24 U	■	26	■	15	■	25	■	1	■	16	■	25	■
26	11	4 C	25	■	10 L	15	8	19	25	■	7	16	11	9
■	20	■	■	■	■	24 U	■	■	8	■	■	■	1	■
7	25	16	20	■	7	20	11	26	■	11	4 C	20	25	8
25	■	■	11	4 C	20	■	18	■	21 J	■	10 L	■	■	11
11	26	12	7	■	25	26	11	7	25	■	24 U	7	25	8
20	■	■	20	■	18	■	26	■	18	13	16	■	■	8
7	4 C	26	25	18	■	1	25	20	7	■	19	26	11	14
■	5	■	■	■	20	■	■	5	■	■	■	■	12	■
8	13	25	7	■	15	6	20	25	16	■	9	26	11	12
■	16	■	25	■	18	■	24 U	■	25	■	11	■	22	■
7	11	10 L	25	■	25	■	17	15	23	25	26	■	25	■
■	■	■	7	15	10 L	1	25	■	20	■	2	13	8	7

1	2	3	4	5	6	7	8	9	10	11	12	13
			C						L			
14	**15**	**16**	**17**	**18**	**19**	**20**	**21**	**22**	**23**	**24**	**25**	**26**
							J			U		

ABCDEFGHIJKLMNOPQRSTUVWXYZ

PUZZLE

9				3			8	5
3		8	9	4				
				1		7	3	9
	8	9			6		4	3
1			4	5	8			6
7	6		1			2	5	
4	3	5		7				
				6	1	3		4
6	1			8				7

	5		4	6	7	2		9
			9				3	7
8				3			1	4
7	8			5	4			3
			2		3			
2			7	1			9	5
5	6			7				2
9	7				6			
1		8	3	4	5		7	

PUZZLE #09

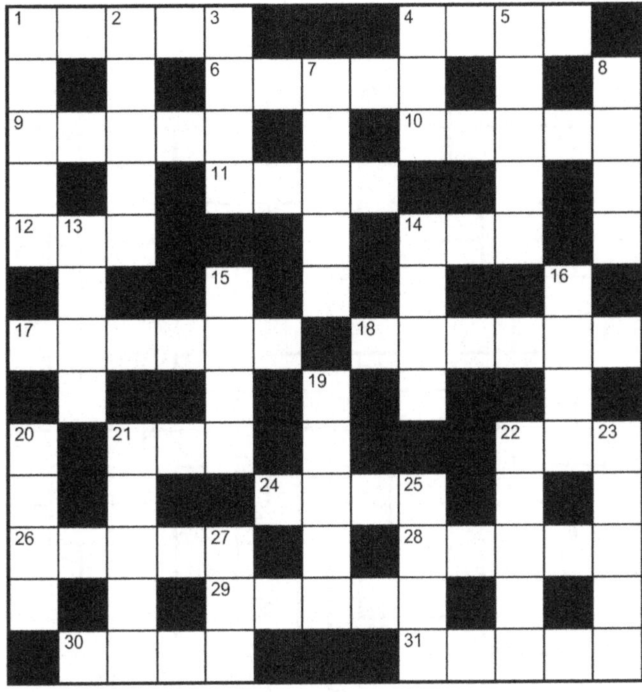

Across

1. An informal photograph (5)
4. It's just one thing after another (4)
6. Put out (5)
9. Accommodate (5)
10. Make a mark or lines on a surface (5)
11. Plane reservation (4)
12. Definite article (3)
14. Did nothing (3)
17. Beat thoroughly and conclusively in a competition or fight (6)
18. Consider in detail and subject to an analysis in order to discover essential features or meaning (6)
21. Honey maker (3)
22. A small racket with a long handle used for playing squash (3)
24. Blanched (4)
26. the wife of your uncle (5)
28. Inhabits much of the Middle East and northern Africa (5)
29. Regions (5)
30. Not new (4)
31. Portable shelters (5)

Down

1. Point of view (5)
2. Informed (5)
3. Takes a seat (4)
4. Allow (3)
5. A line that forms the length of an arrow pointer (5)
7. Have an element suggestive (of something) (5)
8. Simple (4)
13. Great deal (4)
14. To declare or affirm solemnly and formally as true (4)
15. "Catch!" (4)
16. Volcanic flow (4)
19. An aircraft that has a fixed wing and is powered by propellers or jets (5)
20. Be covered with or submerged in a liquid (4)
21. An additional payment (or other remuneration) to employees as a means of increasing output (5)
22. Mental ability (5)
23. Jobs (5)
25. Sunrise direction (4)
27. Unfortunate (3)

MAZE #09

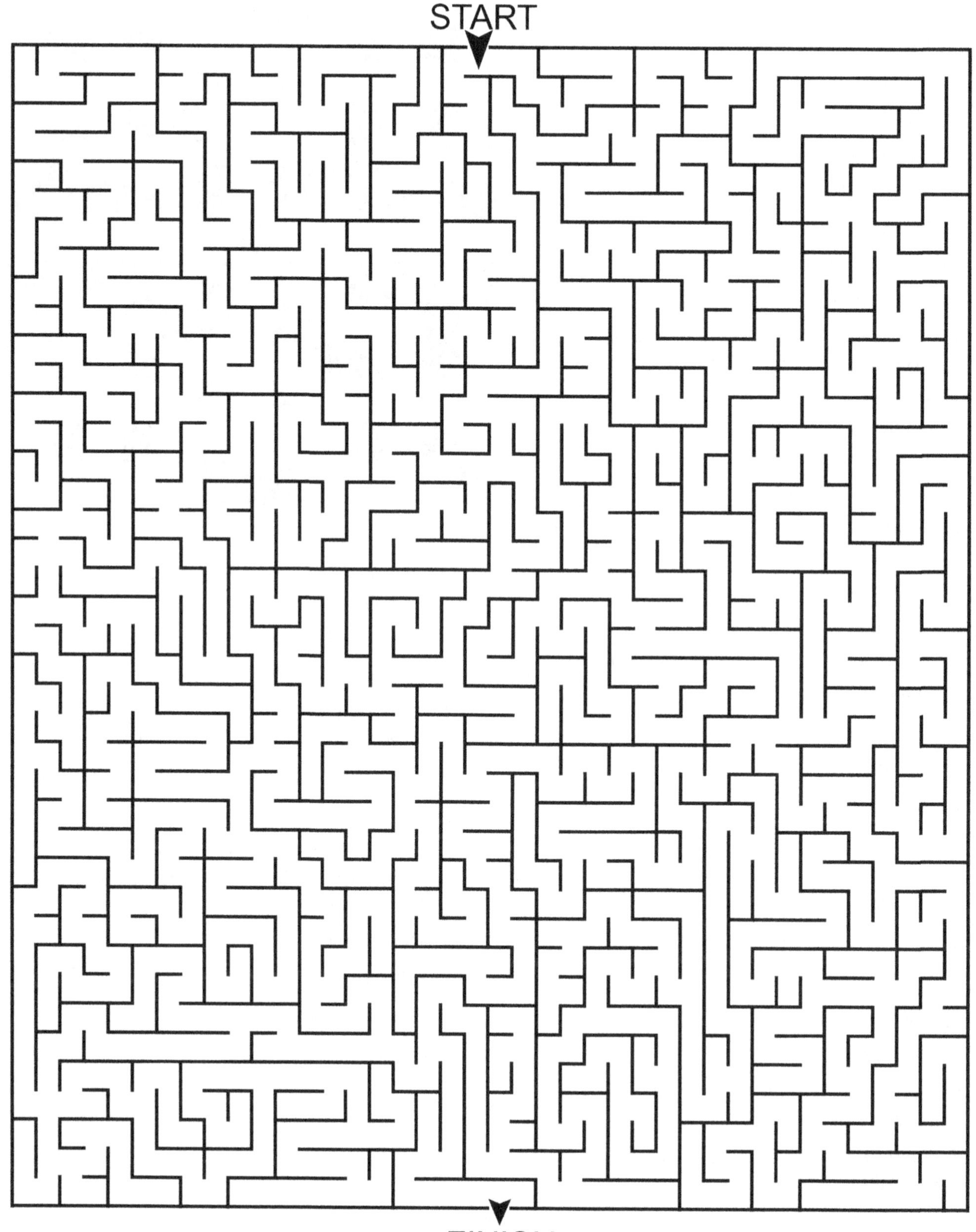

CLOTHES #10

B	L	S	C	A	T	C	O	Z	P	I	I	Y	C	R
A	P	C	H	A	P	L	E	T	B	N	L	S	J	N
L	T	V	O	E	R	R	L	D	I	L	M	Z	L	X
L	T	C	I	O	L	D	O	K	O	B	O	J	Y	Y
D	G	O	Y	H	R	D	I	N	W	J	H	U	E	V
R	Y	X	Q	O	D	B	L	G	L	N	L	R	S	O
E	C	B	M	T	N	Z	Y	L	A	B	E	L	J	E
S	W	R	O	W	F	F	A	H	F	N	X	B	B	Z
S	A	L	O	X	M	R	B	E	L	T	T	O	C	G
V	W	R	N	K	E	X	H	R	G	W	P	O	A	D
O	C	R	A	V	O	R	E	N	D	F	A	T	Q	E
F	W	O	O	P	G	T	S	P	D	A	H	S	Z	R
W	L	C	J	I	S	B	A	N	D	A	N	N	A	B
C	O	W	D	U	C	S	R	P	C	U	V	N	T	Y
M	R	J	D	K	F	Y	E	C	A	N	K	L	E	T

ANKLET
APRON
ARMOR
BALL DRESS
BANDANNA
BELT
BIKINI
BLOUSE
BOOTS
BOXERS
CARDIGAN
CHAPLET
CLOAK
COAT
COVERALL
CROWN
DERBY
DUSTER

PUZZLE #10

1	2		3	4	■	5		6	7	8	■	9
■		■	10				■	11				
12					■	13					■	
■		■	14				■		■	15	16	
17		18	■		■	19	20		21	■		■
22			23	■	24			■	25	26		27
	■	28				■	29				■	
30	31 S			■	32	33		■	34		35	
■	A	■	36	37			■	38	■	39		
40	W	41	■		■	42			43	■		■
	■	44	45				■	46				
47					■	48				■		■
	■	49					■	50				

3 Letters

APT
LET
MEN
MET
OWE
PET
RAT
SAT
SAW
THE

4 Letters

ARAB
ASKS
ATOM
BOSS
CREW
EARS
EASE
EVEN
HATH
HOST
LAVA
LENT
OVAL
PEAS
PIES
POTS
REST
SENT
SHOT
SOLO
STEP
SUIT
TASK
TEAR
TORE
WHIP

5 Letters

AGREE
ALONE
ANGLE
APRIL
AWOKE
EATEN
RATES
STEPS
STUDY
SWAMP
TENTH
THREE
WASN'T
WEIGH

6 Letters

APPLES
NEARER
SEARCH
TESTED

PUZZLE #10

	19	8	25	8	2	24		19	8	1	2	19	6	17
2				26		9				8		14 I		13
23	20	24	13	10 H	14 I	18 N		15		2	5	16	9	24
25		3		20		26	24	20	5	18 N		24		14 I
8	25	14 I	24			10 H		12 B		17	5	8	13	7
19		18 N		24			17						8	
12 B	8	22	22	2	19		13	9	16	16	17		23	
	19			6			8			24			2	
	19		5	8	2	25	8		17	2	23	23	24	8
	20						23			22		19		21
22	19	2	4	8		13		15			4	14 I	18 N	26
2		24		2	5	2	19	8		13		8		9
17	10 H	14 I	13	17		7		17	11	9	2	19	8	17
8		6		8				9		7				8
17	1	8	24	24	8	23		17	14 I	17	7	8	19	

1	2	3	4	5	6	7	8	9	10	11	12	13
									H		B	
14	15	16	17	18	19	20	21	22	23	24	25	26
I				N								

ABCDEFGHIJKLMNOPQRSTUVWXYZ

PUZZLE

3			5	4	8	1		
		1	9				4	
4	7							
2		8			5	3	1	6
1			3		4			5
9	3	5	2			7		4
							9	8
	5				9	4		
		4	6	2	7			1

	2	9		7		6		1
5		3		2			9	
4	6				1			
	3	2	7			5	8	9
7				3				6
9	4	6			5	3	7	
			4				3	8
	9			6		2		5
2		4		8		1	6	

PUZZLE #10

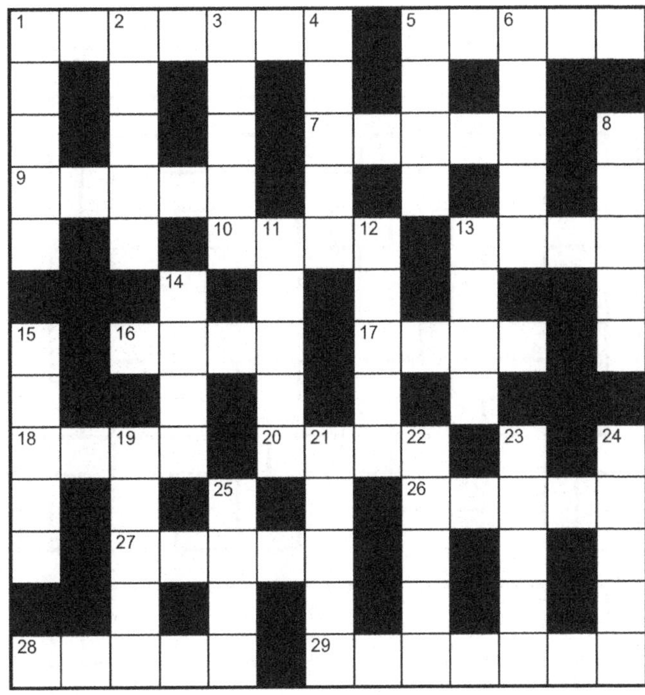

Across

1. Narrates (7)
5. Not now (5)
7. Small and light boat (5)
9. Clear, as a disk (5)
10. Not as much (4)
13. Caught in the act (4)
16. Chew (food) (4)
17. Microscope part (4)
18. Up to the task (4)
20. Immediately past (4)
26. King or queen (5)
27. Conscious (5)
28. A line of people or vehicles waiting for something (5)
29. A female person who has the same parents as another person (7)

Down

1. Sit and travel on the back of an animal, usually while controlling its motion (5)
2. Disguise (5)
3. Dry (off) (5)
4. Used (e.g., at airports) to show the direction of the wind (5)
5. Connect (4)
6. The thing or area being discussed (5)
8. Dearest (5)
11. Artist's stand (5)
12. Markets (5)
13. Made melodious sounds (4)
14. Detective's assignment (4)
15. Garden tool (5)
19. Depart (5)
21. Fields (5)
22. Attempts (5)
23. Oil source (5)
24. Ambushes (5)
25. A contest with rules to determine a winner (4)

MAZE #10

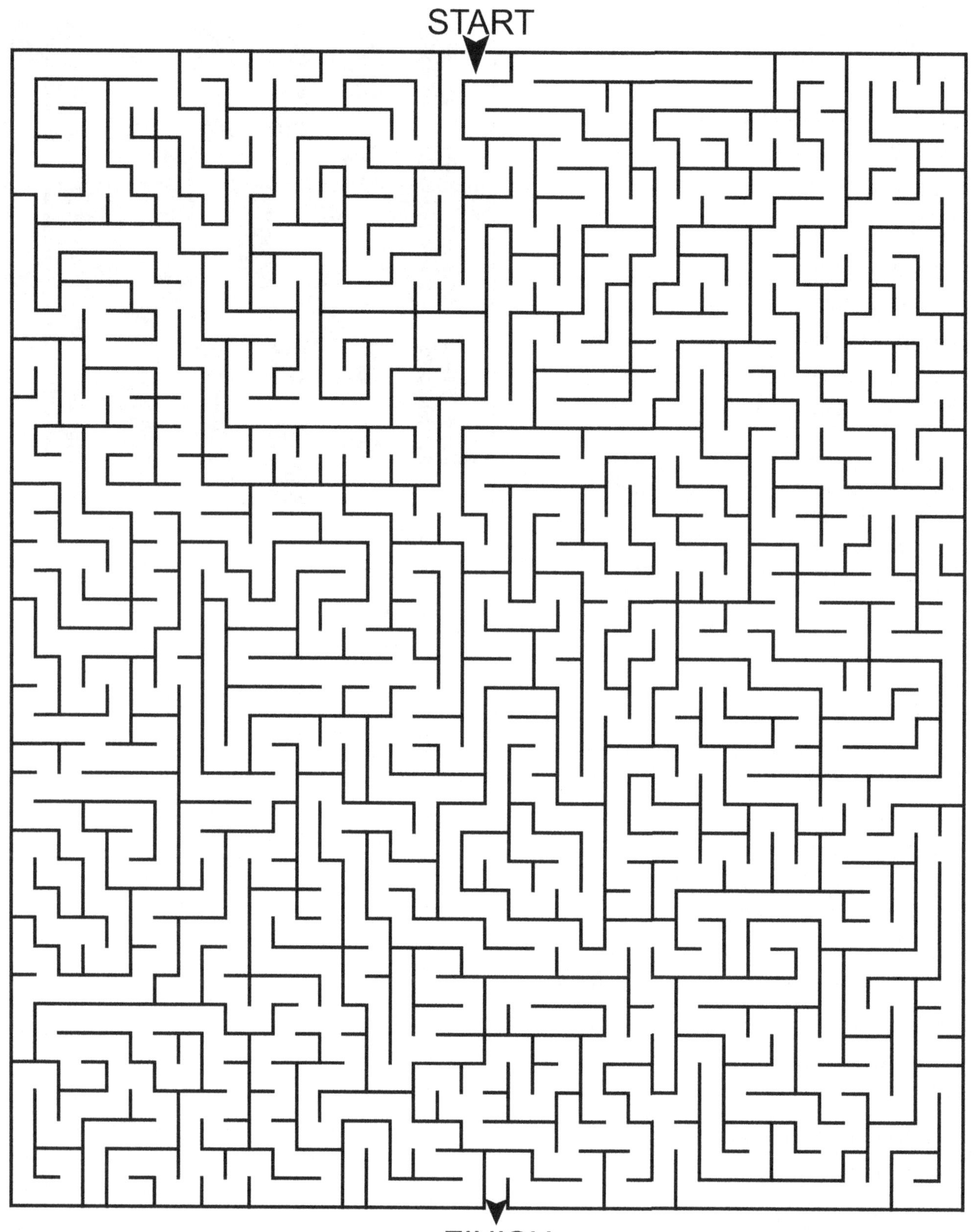

BACKYARD #11

K	D	H	H	A	E	F	Z	X	V	Q	R	X	Y	Y
D	E	S	O	N	T	M	P	J	K	N	U	I	A	M
V	U	C	D	S	I	J	O	N	F	L	O	W	E	R
B	A	J	P	J	E	M	G	A	C	Z	Q	B	H	S
Y	D	W	T	F	V	N	O	E	B	Z	N	W	H	T
J	A	H	C	E	I	E	R	O	A	W	G	T	L	T
I	B	L	A	N	D	G	K	V	A	L	A	T	G	V
I	B	D	W	C	K	P	R	L	A	B	N	J	B	E
E	J	A	F	E	X	W	E	A	D	Z	G	N	G	J
G	Y	Q	C	K	J	H	K	R	S	L	A	A	P	B
U	G	C	V	K	C	S	I	N	H	S	R	P	C	R
T	G	A	W	H	Y	B	Z	T	F	A	D	L	C	U
T	H	X	T	O	E	A	A	O	G	I	E	A	E	K
E	E	D	G	E	R	P	R	C	Y	F	N	N	D	B
R	Q	I	B	E	N	C	H	D	C	P	F	T	G	P

AWNING
BACKYARD
BENCH
BIRDBATH
BUSH
EDGER

FENCE
FLOWER
GARAGE
GARDEN
GATE
GRASS

GUTTER
HOSE
LAND
LAWN
PATH
PLANT

PUZZLE #11

3 Letters

ADD
APT
CAP
FAT
HAT
HEM
HOT
HUT
LIP
PEN
PER
THE
TRY

4 Letters

ALLY
AREA
ASKS
CHEW
DAWN
DEAD
EASE
EASY
EYED
FADE
FIND
LIES
LONG
MERE
OARS
OATH
ONES
PURE
RAGE
RENT
SELF
SOFA
SPIN
TAME
THEM
TREE
UPON
VANS

5 Letters

ACTED
AREAS
COMMA
HOMES
LOADS
SEVEN
SUNNY

6 Letters

ANGELS
ATTEND
INSANE
WIRING

7 Letters

ATHLETE
HANDFUL
KETTLES
WEALTHY

PUZZLE #11

■	22	26 O	5	6	3	11	■	20 J	■	3	26 O	2	14	11
14	■	■	■	3	■	2	5	2	3	6	■	3	■	24
26 O	■	17	24	2	16	1	■	8	■	7	2	3	25	6
22	■	7	■	11	■	13	■	■	■	2	■	2	■	6
22	3	2	17	6	14	■	■	11	16	10	22	19 Y	■	3
6	■	16	■	14	■	16	■	24	■	■	12	■	11	■
14	12	8	9	■	6	1	20 J	26 O	19 Y	■	11	6	6	8
■	18	■	12	■	■	20 J	■	5	■	■	13	■	2	■
24	26 O	3	1	■	4 Q	12	6	6	1	■	11	16	22	11
■	1	■	17	■	■	3	■	14	■	18	■	14	■	18
7	■	11	24	2	13	6	■	■	15	3	6	6	21	6
16	■	6	■	1	■	■	■	15	■	6	■	2	■	6
22	19 Y	16	1	25	■	25	■	2	5	15	12	7	■	17
3	■	21	■	3	26 O	2	3	11	■	6	■	■	■	24
6	23	6	3	19 Y	■	19 Y	■	22	24	3	26 O	2	22	■

1	2	3	4	5	6	7	8	9	10	11	12	13
			Q									
14	15	16	17	18	19	20	21	22	23	24	25	26
					Y	J						O

ABCDEFGHIJKLMNOPQRSTUVWXYZ

PUZZLE

8					9	2		
	5	1			8	9	4	7
	9				4			
	2		5			3	9	
	4						8	
	7	5			1		6	
			6				1	
5	6	9	7			8	2	
		2	4					9

1		8	5			6	7	9
		5	1	9		2		3
6					2		1	
2	3					1		
8	7						3	6
		6					9	2
	6		9					7
3		1		6	5	9		
9	5	7			3	8		1

PUZZLE #11

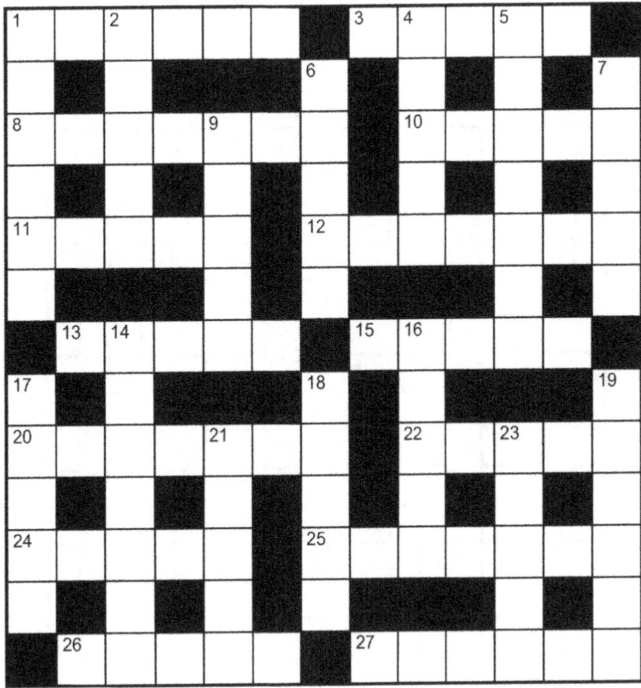

Across

1. Very drunk (6)
3. Court call (5)
8. A source of difficulty (7)
10. Inhabits much of the Middle East and northern Africa (5)
11. Goes on and on (5)
12. The time during which a school holds classes (7)
13. Happening place (5)
15. An appliance that removes moisture (5)
20. Reproduce someone's behavior or looks (7)
22. Companionless (5)
24. Take marks off (5)
25. Hold in suspicion (7)
26. Vibrators consisting of a thin strip of stiff material that vibrates to produce a tone when air streams over it (5)
27. Any of various organs that synthesize substances needed by the body and release it through ducts or directly into the bloodstream (6)

Down

1. Agree out of court (6)
2. Molecules (5)
4. A deep prolonged loud noise (5)
5. Put to the test, as for its quality, or give experimental use to (7)
6. Make fun of (5)
7. On drugs (5)
9. It holds water (5)
14. The weather in some location averaged over some long period of time (7)
16. Understands (5)
17. The cardinal number that is the sum of five and one (5)
18. Monster (5)
19. The event of dying or departure from life (6)
21. In the lead (5)
23. Continental divide (5)

MAZE #11

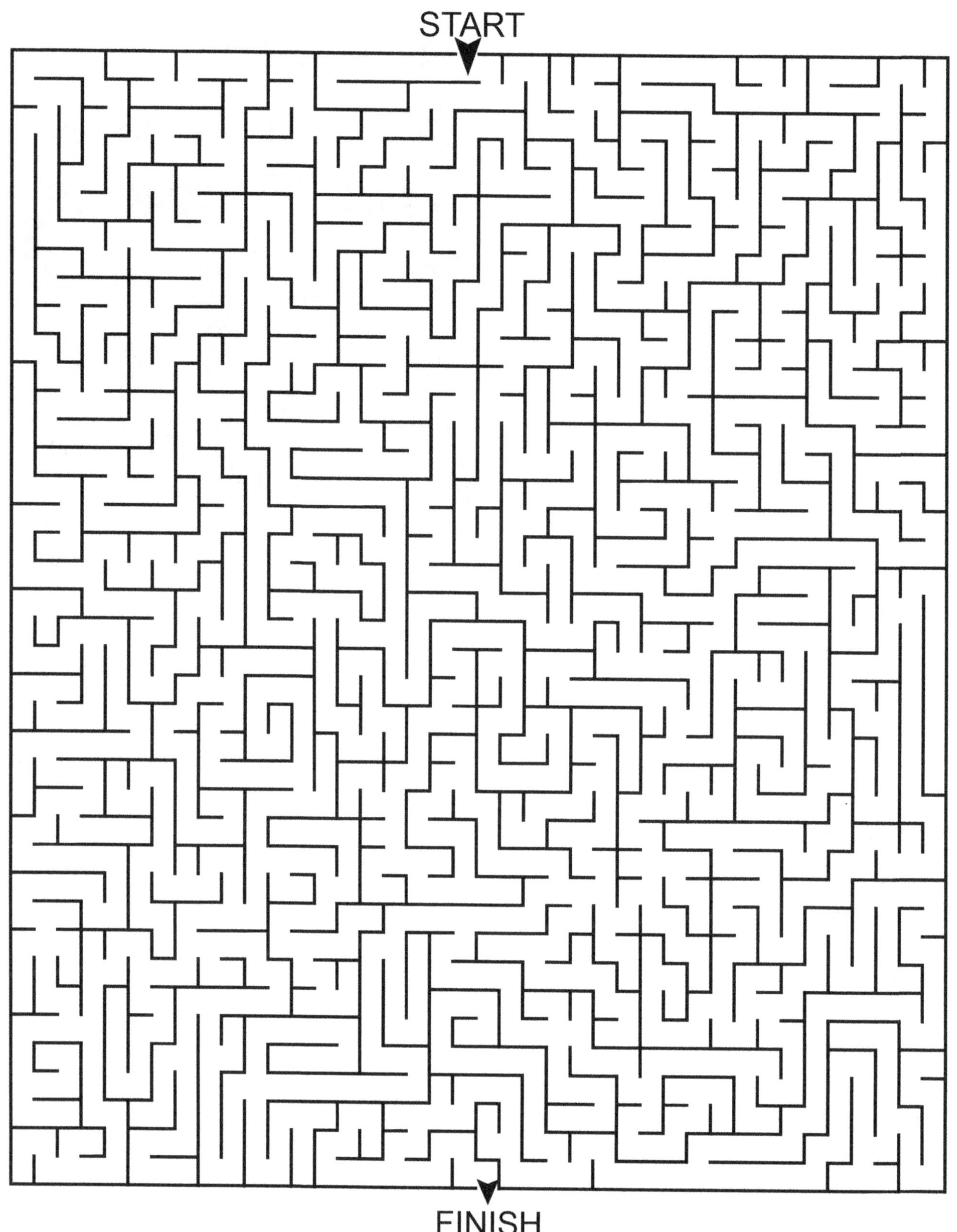

ARCHITECTURE #12

S	E	J	G	M	P	J	G	U	S	H	O	X	E	P
O	X	E	Z	B	X	W	T	Z	C	S	J	Q	H	C
F	H	X	E	V	L	C	R	R	I	E	R	A	R	A
F	D	C	U	B	S	E	A	J	I	G	P	E	I	C
I	N	X	L	U	G	X	N	S	T	M	G	C	O	S
T	D	U	C	B	N	Q	S	R	W	E	V	Z	K	T
S	X	A	M	C	P	E	O	U	R	N	J	Q	L	B
C	B	N	P	D	R	O	M	X	E	T	P	E	M	B
A	Q	O	K	T	H	S	N	E	E	E	M	A	J	T
T	G	O	T	H	I	C	R	T	I	D	J	A	F	B
I	D	U	D	U	E	C	U	P	I	L	L	A	R	W
O	B	I	L	V	S	L	X	F	K	O	H	E	S	E
N	N	U	I	U	O	C	G	Z	P	S	G	E	E	R
I	R	G	Z	V	F	P	A	U	C	L	P	G	P	B
C	O	L	U	M	N	F	C	N	K	H	O	F	E	O

ABACUS
ARCH
BUTTRESS
COLUMN
CUPOLA
GOTHIC

IONIC
JAMB
OGEE
OGIVE
PILLAR
SCREEN

SEGMENTED
SHAFT
SOFFIT
TRANSOM
TUSCAN
VOLUTE

PUZZLE #12

■	1	■	2	3		4	5	■	6	7		8
9					■	10					■	
■		■	11					■	12			
13		14	■		■	15		16			■	
	■	17	18		19	■	■		■	20	21	
22	23			■	24	25	26		27	■		■
28				■	29			■	30	31		32
■		■	33	34				■	35			
36 W	E	37 B	■		■	■	38	39			■	
	■	40	41		42	43	■		■	44	45	
46				■	47				48	■		■
	■	49					■	50				
51				■	52					■		■

3 Letters

ATE
CUT
DUE
OWN
PET
SAT
SEE
SIR
WAS
WEB

4 Letters

ADDS
ALLY
CAPS
CORD
COST
DOES
EASY
ENDS
HELP
HOWL
HUSH
ICES
LAVA
MADE
ORAL
REST
ROSE
SACK
SALE
SCAR
SOCK
STAR
STEW
TAKE
THEM
TRAP
TREE
WITH

5 Letters

ACRES
AFTER
ASIDE
AUNTS
BRASS
CROSS
EASEL
PARTS
PEAKS
POETS
RANCH
RATES
RAZOR
RIDGE
SHIRT
SLIPS
TIDAL
WHOLE

PUZZLE #12

5	■	8 C	2	9	11	22	■	3	■	11	9	8 C	12	11
25 U	■	■	25 U	■	■	17	9	24	11	1	■	23	■	1
9	26	1	20 N	22	■	14	■	23	■	22	2	9	11	22
8 C	■	■	8 C	■	■	■	11	2	20 N	11	■	15	■	■
12	■	17	1	24	20 N	11	■	22	■	■	9	11	12	11
■	■	24	■	22	■	1	9	11	1	23	■	■	■	9
11	9	19	1	11	■	9	■	■	■	9	20 N	26	1	23
12	■	1	■	1	■	15	■	2	■	6 Z	■	23	■	1
9	3	17	24	23	■	■	■	18	■	24	17	2	20 N	11
22	■	■	■	4	9	16	23	1	■	1	■	19	■	■
1	9	11	1	■	■	2	■	20 N	25 U	17	11	1	■	3
■	■	13	■	21	1	23	7	■	■	■	1	■	■	17
10	25 U	24	8 C	14	■	7	■	26	■	3	24	9	20 N	2
2	■	20 N	■	15	24	23	12	14	■	■	6 Z	■	■	25 U
16	1	26	25 U	20 N	■	14	■	15	24	18	1	7	■	7

1	2	3	4	5	6	7	8	9	10	11	12	13
					Z		C					
14	**15**	**16**	**17**	**18**	**19**	**20**	**21**	**22**	**23**	**24**	**25**	**26**
						N					U	

ABCDEFGHIJKLMNOPQRSTUVWXYZ

PUZZLE

5						7	9	
4	2		8				5	6
	7		5	9	4	2		
			3		7	6	2	
		2	6	4	8	5		
	6	3	9		5			
		4	1	5	2		7	
3	5				9		6	2
	8	7						5

2			9				3	
		8	6		1			
9		1			8	2	6	
4				5	3	7	8	
5	7						1	4
	8	6	7	1				9
	4	7	5			6		8
			4		7	1		
	2				6			3

PUZZLE #12

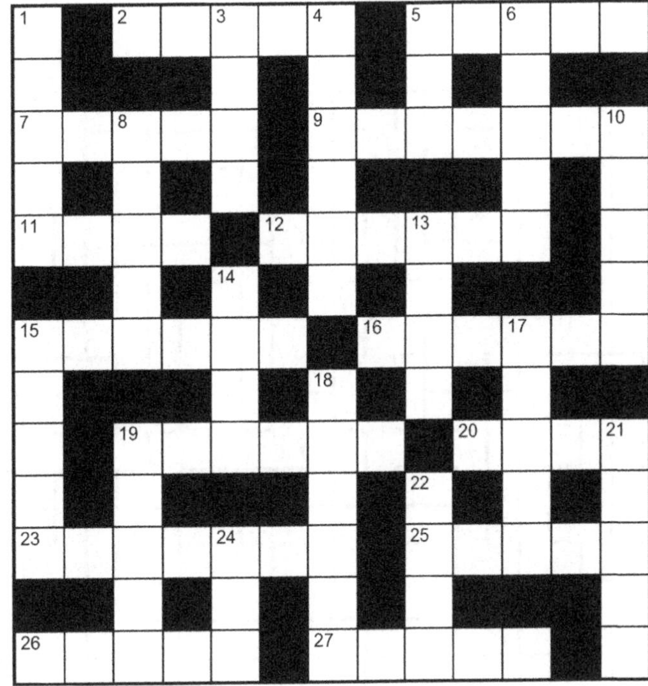

Across

2. Move with a thrashing motion (5)
5. Flowerless plants (5)
7. Another time (5)
9. Feeling or showing anger (7)
11. Without a doubt (4)
12. The extent downward, backward or inward (6)
15. More quickly (6)
16. A brief experience of something (6)
19. Felt (6)
20. Physics calculation (4)
23. Very narrow (7)
25. Where you can wash your hands and face (5)
26. Before the due date (5)
27. Book keeper (5)

Down

1. Emblem usually consisting of a rectangular piece of cloth of distinctive design (5)
3. The wife of your uncle (4)
4. Limbless scaly elongate reptile (6)
5. Confusion characterized by lack of clarity (3)
6. Train tracks (5)
8. Extensive landed property retained by the owner for his own use (5)
10. Gets promoted (5)
13. Semiaquatic and terrestrial species (4)
14. "Where ___ you?" (4)
15. Smokes (5)
17. Eye drops (5)
18. The courage to carry on (6)
19. Guide (5)
21. Bright (5)
22. Qualified (4)
24. Moistureless (3)

MAZE #12

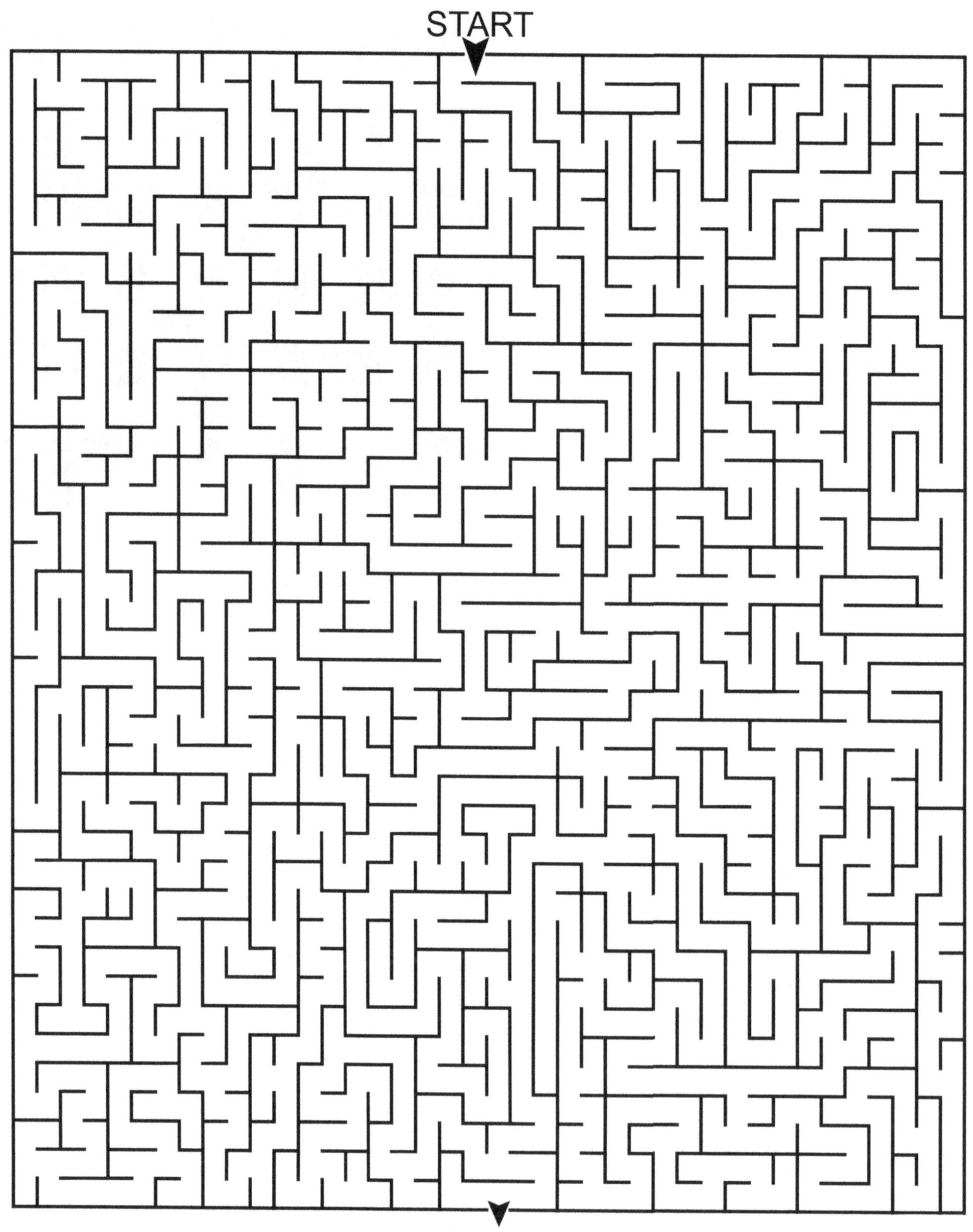

ROOMS #13

P	H	Q	O	Z	C	H	A	P	E	L	F	E	B	S
N	Y	Y	E	S	B	U	K	T	W	L	O	A	A	O
B	D	I	F	O	U	S	I	X	T	H	X	N	S	C
C	O	B	N	S	U	I	T	E	J	I	P	S	E	C
G	R	U	R	J	O	R	C	U	P	I	C	E	M	H
H	M	A	D	Y	F	C	H	V	D	H	N	B	E	A
J	I	V	A	O	F	Z	E	S	Y	I	X	O	N	L
X	T	Y	E	U	I	M	N	J	B	D	O	A	T	L
T	O	A	F	P	C	R	P	A	R	L	O	R	B	W
S	R	A	O	X	E	I	C	Y	X	Z	Y	D	V	A
E	Y	L	R	Y	R	M	E	E	W	F	N	R	O	Y
H	V	G	B	M	D	X	N	T	L	V	Z	O	C	Y
X	T	B	G	R	O	T	T	O	K	L	J	O	K	U
A	U	V	F	E	I	R	R	Q	C	Q	V	M	E	X
C	M	B	C	Z	C	T	Y	K	E	J	J	K	H	O

ARMORY
ATTIC
BASEMENT
BOARDROOM
BOUDOIR
CABIN
CELL
CHAPEL
CUBBY
DORMITORY
ENTRY
GROTTO
HALLWAY
KITCHEN
OFFICE
PARLOR
STUDIO
SUITE

PUZZLE #13

1	2	3	4	5		6	■	7	8		9	
10					■	11				■		■
12							■	13		14		15
	■		■	■	■		■	16				
17	18		19	20	■	21 K	22 I	D	■		■	
■		■	23		24			■	25		26	
■	27	28				■	29	30				■
31				■	32	33				■		■
	■		■	34			■	35		36		37
38	39		40		■		■	■	■		■	
41					■	42		43	44		45	
■		■	46				■	47				
48					■	49						

3 Letters

ALL
GET
INN
ITS
KID
ORE
RAM
RUN
SAT
TON

4 Letters

ALSO
DEAR
ECHO
HAIR
IDLE
INTO
LIST
PEAS
ROAR
RUBS
SEEN
TEST
TORN
UNTO
VEIN
VETO

5 Letters

AGAIN
ATLAS
BLEED
BRAND
BUMPS
DEALS
EAGER
EATEN
IDEAL
LINEN
NOBLE
NOISE
NOTES
SALES
SANDS
SINCE
STATE
STOOL
STOUT
TAKEN
TREND
TRIBE

6 Letters

STRIKE
T-SHIRT

7 Letters

AMATEUR
DRAGONS
INITIAL
TUNNELS

PUZZLE #13

16	11	16	17	6	24	■	14 C	■	2	16	6	7	26	1
■	7	■	4	■	6	2	20	24	■	■	■	22	■	■
■	17	12 H	16	24	7	■	26	■	16	26	7	16	■	6
■	6	■	5	■	10	16	13	1	■	20	■	14 C	■	16
14 C	12 H	23 U	13	15	24	■	■	■	■	16	25	6	7	26
16	■	13	■	■	■	9 G	5	25	6	24	■	■	■	6
13	■	14 C	12 H	20	5	26	■	16	■	6	7	24	6	24
■	■	4	■	■	■	16	■	14 C	■	■	■	14 C	■	■
21	5	7	2	24	■	19	■	6	12 H	7	10	7	■	14 C
7	■	■	■	5	11	7	16	24	■	■	■	13	■	20
26	7	4	16	22	■	■	■	■	26	7	8	7	14 C	6
3	■	16	■	7	■	3	4	23 U	7	■	23 U	■	12 H	■
24	■	26	20	24	7	■	20	■	24	17	5	6	7	■
■	■	9 G	■	■	■	18	23 U	5	6	■	14 C	■	16	■
24	12 H	7	4	4	24	■	11	■	24	2	7	7	17	24

1	2	3	4	5	6	7	8	9	10	11	12	13
								G			H	
14	**15**	**16**	**17**	**18**	**19**	**20**	**21**	**22**	**23**	**24**	**25**	**26**
C									U			

ABCDEFGHIJKLMNOPQRSTUVWXYZ

PUZZLE

	9	3	6			5	7	8
1		7		3				
8		5	9				6	
5		6					9	
	8	9	5		3	6	4	
	3					7		5
	5				1	4		7
				4		2		9
3	2	4			9	8	1	

	6			4	9			
9	2		1		5	6		
	5				6	7	1	9
8		2		7	1		9	
			4		2			
	1		5	9		2		7
6	8	1	9				2	
		9	6		4		7	5
			2	8			6	

PUZZLE #13

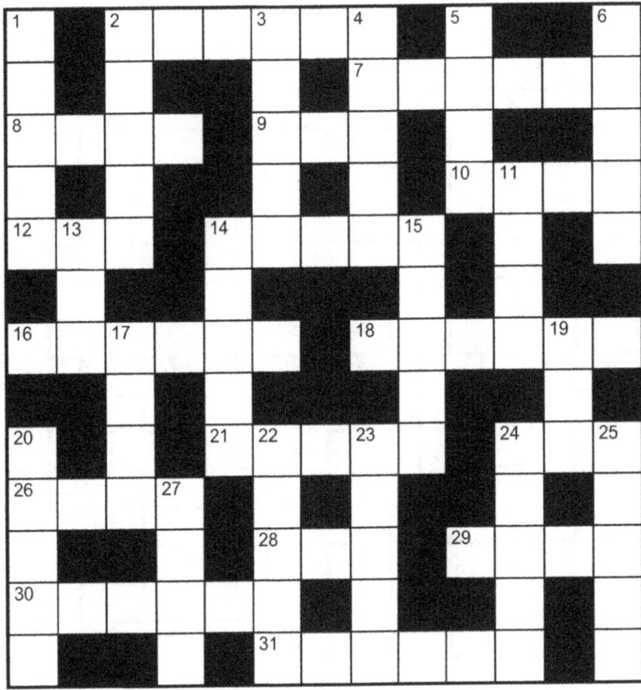

Across

2. The taste experience when sugar dissolves in the mouth (6)
7. A living organism characterized by voluntary movement (6)
8. Not at home (4)
9. Decade (3)
10. Peace (4)
12. Warmed the bench (3)
14. Clothe (5)
16. Newest or most recent (6)
18. Cud-chewing mammal used as a draft or saddle animal in desert regions (6)
21. Posts (5)
24. Athletic facility equipped for sports or physical training (3)
26. Water frozen in the solid state (4)
28. Has shaped crown and usually a brim (3)
29. Marathon (4)
30. Break out (6)
31. Moves faster (6)

Down

1. Frogs (5)
2. Intelligent (5)
3. "Come in!" (5)
4. The region of the shore of a lake, sea or ocean (5)
5. A headlong plunge into water (4)
6. Aged (5)
11. Qualified (4)
13. Back then (3)
14. A cherished desire (5)
15. Secures against leakage (5)
17. Daily riser (4)
19. Put in a horizontal position (3)
20. Creepers (5)
22. Lenten symbol (5)
23. Unit of petrol (5)
24. A successful attempt at scoring (5)
25. Accidentally be in the same place and interact with (someone) (5)
27. Sign of damage (4)

MAZE #13

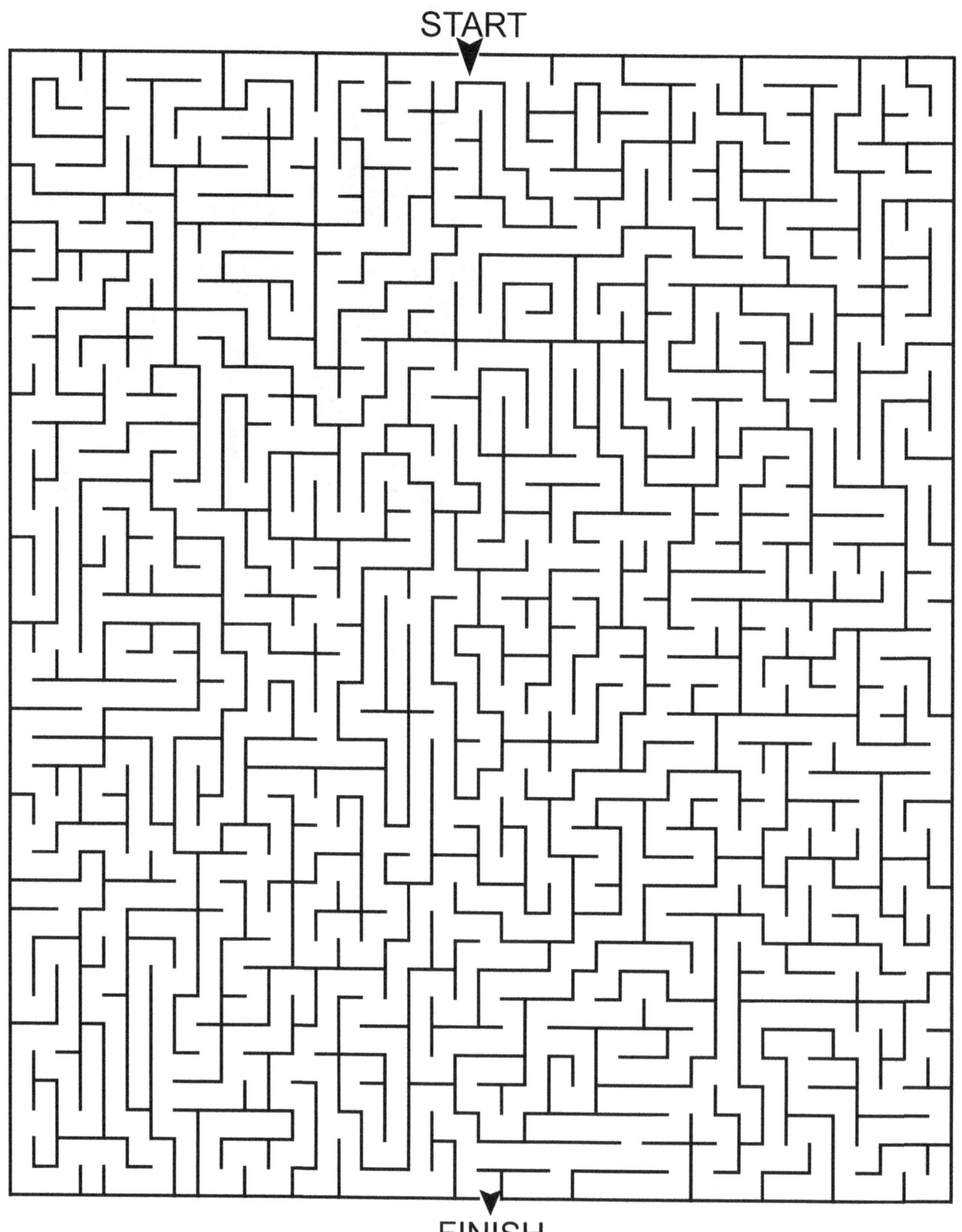

NETWORKING COMPUTERS #14

J	Z	W	D	K	F	I	D	P	B	M	G	D	R	U
X	G	P	S	R	K	M	P	A	L	H	L	I	G	A
T	C	A	W	L	R	X	K	S	F	F	P	I	D	A
I	M	O	H	E	O	P	A	S	K	X	T	O	N	C
N	R	U	T	L	T	U	L	I	E	Y	W	O	R	K
T	O	U	L	G	D	P	A	V	J	S	I	X	E	T
E	O	D	M	T	S	C	Y	E	S	T	S	G	T	Y
R	V	K	E	Z	I	E	E	A	U	Y	T	I	E	L
N	P	T	S	F	K	H	R	L	D	L	E	R	O	V
E	O	Y	F	I	C	H	O	V	I	A	D	H	T	N
T	E	A	B	Q	G	S	B	P	E	V	P	T	N	I
C	R	R	P	P	E	L	U	V	P	R	A	T	Q	U
T	E	E	R	R	I	I	O	E	A	L	I	Q	E	V
D	P	I	Q	O	E	N	L	U	T	S	R	F	V	R
T	W	L	A	P	R	K	G	Q	H	R	B	D	X	Q

ADAPTER	MULTI-HOP	RESOLUTION
ERROR	NODE	ROUTER
INTERNET	PASSIVE	SERVER
LAYER	PATH	SESSION
LINK	PING	TRAFFIC
MASK	PORT	TWISTED PAIR

PUZZLE #14

1	2	3	■	4		5		■	■	6		7
8					■		■	9			■	
10			■	11					■	12	13	
14			15		■		■	16				
17				■	18		19		■	20		
■	■	■	21	22		■	23		24	■		■
25	26					■	27					
■		■	28			■	29			■	■	■
30		31	■	32		33		■	34	35	36	37
38					■		■	39				
40			■	41					■	42		
	■	43 D	R	Y	■		■	44				
45			■	■	46				■	47		

3 Letters

AND
BID
CAR
DEN
DRY
HAD
HIT
ICE
MAD
ORE
PEN
SEE
SKY
THE
TIE
WIT

4 Letters

LESS
LOOK
MESS
PASS
PRAY
REST
SANG
WEAK

5 Letters

ANGRY
ARISE
ATTIC
AVOID
AWARE
BRASS
CRAWL
DADDY
DRESS
ERROR
ESSAY
GREEN
HELLO
LEVER
METER
METRE
NERVE
OLIVE
ONION
ROAST
SHARE
SHIPS
SOLVE
TENSE
THEY'D
WEIGH

6 Letters

IDEALS
SOVIET

7 Letters

HEALTHY
SEASIDE

PUZZLE #14

■	25	9	19	25	11	18	■	23	4	14 Y	1	11	19	■
■	■	17	■	3	■	■	■	■	9	■	8	■	■	20
1	■	9	15	2	25	19	■	6	15	18	17	11	■	3
9	■	8	■	11	■	7	■	■	13 L	■	4	■	■	11
23	9	2	17	■	16 F	15	2	18	■	19	25	11	9	1
17	■	■	■	13 L	■	2	■	8	■	■	■	22	■	19
8	■	19	7	8	2	17	■	20	15	21	13 L	8	26	■
2	■	8	■	1	■	■	■	■	■	15	■	25	■	18
■	11	13 L	18	11	19	25	■	19	8	12	11	19	■	11
25	■	24 K	■	■	■	15	■	25	■	12	■	■	■	16 F
23	4	14 Y	1	11	■	21	11	9	2	■	7	3	24 K	11
8	■	■	3	■	5	■	■	23	■	23	■	26	■	9
11	■	9	5	3	8	18	■	19	20	9	23	11	■	25
19	■	■	11	■	2	■	■	■	■	25	■	9	■	■
■	16 F	9	19	25	11	2	■	10	15	11	11	2	19	■

1	2	3	4	5	6	7	8	9	10	11	12	13
												L
14	15	16	17	18	19	20	21	22	23	24	25	26
Y		F								K		

ABCDEFGHIJKLMNOPQRSTUVWXYZ

PUZZLE

4			9				6	
6		2		5	3	9		
	9	1	2	6			4	8
8	1		7					
		5				7		
					9		8	2
1	3			2	5	4	7	
		4	8	7		6		3
	6				4			1

2					7			6
	5		3				8	
7	3		4	1	6			2
	1	3			4			
	9						2	
			6			5	4	
3			8	2	5		6	9
	6				3		1	
4			9					3

PUZZLE #14

Across

1. "Rabbit food" (5)
4. Let go (5)
6. Vigilant (5)
7. Test format (5)
9. Analyzes (5)
11. Send via the postal service (6)
13. Nothing other than (4)
15. To exert much effort or energy (6)
16. Cud-chewing mammal used as a draft or saddle animal in desert regions (6)
19. Immediate payment (4)
21. Harsh (6)
24. Hard worker (5)
25. A theatrical performer (5)
26. Tournament favorites (5)
27. A figure that branches from a single root (5)
28. The force of workers available (5)

Down

1. The exterior covering of a bird's egg (5)
2. 24-hour interval (3)
3. Annoyed (6)
4. Nonflowering plant (4)
5. Clear the chalkboard (5)
8. Great (5)
10. Outbuildings (5)
12. Body covering of a living animal (4)
14. The net that is the goal in ice hockey (4)
15. Fires (5)
17. Happening (5)
18. Utter a sudden loud cry (6)
20. Oater transport (5)
22. Hoop that covers a wheel (5)
23. Difficult situation (4)
25. Cigar residue (3)

MAZE #14

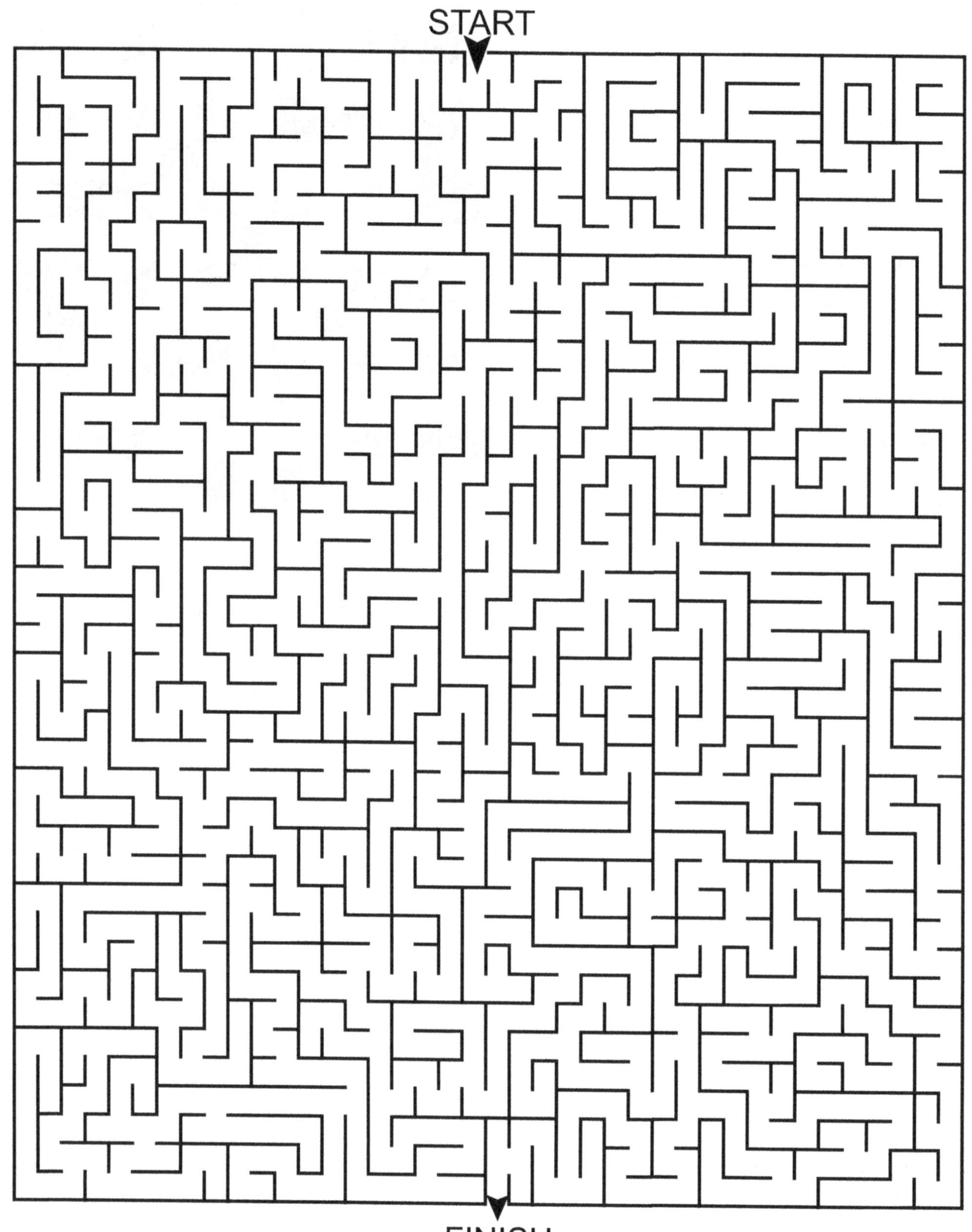

WINTER #15

J	T	X	R	L	J	F	W	G	L	A	C	I	A	L
R	J	G	F	A	G	D	M	E	L	T	T	S	U	Z
I	F	O	V	E	R	C	A	S	T	E	X	Y	A	K
F	I	R	E	D	F	O	Z	V	K	B	O	O	T	S
E	I	P	E	B	F	L	A	N	N	E	L	X	B	M
B	R	R	C	E	I	D	A	Q	N	G	G	H	L	O
R	S	M	E	Y	Z	L	Q	O	E	G	L	B	H	X
U	X	O	V	P	B	I	T	Y	E	N	C	A	Y	I
A	H	T	C	H	L	S	N	W	X	O	X	L	E	G
R	H	V	P	O	L	A	F	G	B	G	L	E	R	F
Y	P	E	F	I	U	F	C	Q	K	I	U	E	I	R
V	J	K	A	Q	Z	G	H	E	H	B	B	R	V	O
W	N	H	X	T	J	K	H	C	I	E	J	T	W	Z
Z	T	A	S	V	E	T	O	P	C	M	C	S	A	E
B	L	I	Z	Z	A	R	D	I	H	R	Y	U	C	N

BLANKET
BLIZZARD
BOOTS
CHILLY
COLD
COUGH

EGGNOG
FEBRUARY
FIREPLACE
FLANNEL
FREEZING
FROZEN

GLACIAL
HAILSTONE
HEATER
ICEBERG
MELT
OVERCAST

PUZZLE #15

1	■	2	3		4 H	5	■	6	7		8	
9				■	10 O					■		■
	■	11			M		■	12		13		14
15	16			■	E	■	17					
18				19	■	20			■	21		
■		■	22		23			■	24			
25	■	26	■	27				28	■		■	
29	30			■	31				32	■	33	■
34			■	35			■	36		37		38
39			40			■	41	■	42			
43					■	44					■	
■		■	45					■	46			
47					■	48					■	

3 Letters

AID
KEY
POP
RAT
RID
ROD
SET
TAP
TEN
TUB

4 Letters

AREA
BEST
HOME
IRON
LEAD
LEAN
RIPE
TEAS
THAN
WINE

5 Letters

APRON
BASES
BLAST
BRASS
CLIMB
DARED
DEALS
KEEPS
OUTER
POLES
RACES
RADAR
RATES
RELAY
RIDES
RIGHT
RIGID
ROBES
SEWED
SIDES
SIXTY
STRAW
TENTS
THREE
THROW
WASN'T
WEEDS
WORST

6 Letters

EITHER
INLAND
SENATE
SHRILL
STATES
TASTES

PUZZLE #15

20	9	23	14	5	14	■	7	■	6 R	5	14	11	14	22
■	11	■	20	■	7	16	10	14	5	■	17	■	22	■
14	8	23	10	6 R	5	■	26	■	14	16	10	20	5	13
■	23	■	13	■	17	■	5	■	22	■	20	■	6 R	■
2	11	17	5	■	22	10	14	26	14	■	14	21 O	17	14
■	13	■	■	22	■	24	■	■	■	22	■	7	■	23
7	■	14	■	6 R	5	10	13	14	■	10	■	5	■	20
10	17	26	9	5	■	6 R	■	16	■	14	16	10	6 R	5
22	■	11	■	5	■	5	12	10	7	22	■	17	■	6 R
7	■	9	■	14	■	■	■	2	■	5	■	■	4	■
16	21 O	9	13	■	1	10	7	5	14	■	2	5	5	22
■	9	■	25	■	11	■	9	■	20	■	10	■	15	■
15	11	22	11	17	19 G	■	11	■	11	17	3 J	23	6 R	5
■	18	■	17	■	16	23	2	10	17	■	21 O	■	10	■
24	5	11	19 G	16	22	■	15	■	14	22	6 R	5	14	14

1	2	3	4	5	6	7	8	9	10	11	12	13
		J			R							

14	15	16	17	18	19	20	21	22	23	24	25	26
					G		O					

A B C D E F G H I J K L M N O P Q R S T U V W X Y Z

PUZZLE

					6		2	7
		3	4			1	5	
8	9		1					
		4	6	3			9	
	1	6		4		2	7	
	3			9	2	6		
					4		8	6
	8	9			3	4		
4	5		2					

3		6	7			4	1	9
		2	3		4	7		
	4		6	9			3	8
			8	1		5	2	
		8	5		7	1		
	3	1		2	6			
2	1			6	8		5	
		7	1		9	6		
8	6	9			5	3		1

PUZZLE #15

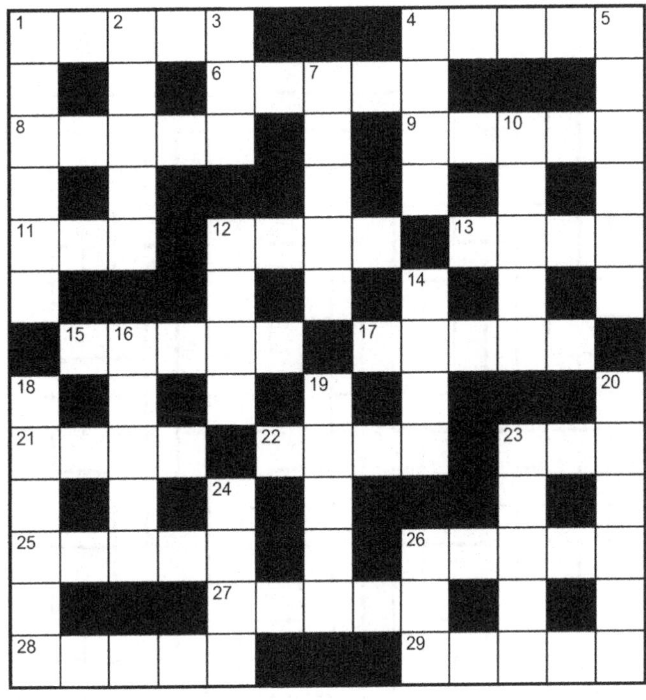

Across

1. Reach in time (5)
4. A long trough for feeding cattle (5)
6. Conscious (5)
8. An ocean trip taken for pleasure (5)
9. A truncated cloth cone mounted on a mast (5)
11. "___ we having fun yet?" (3)
12. Worry (4)
13. Makeup (4)
15. An outlying farm building for storing grain or animal feed, or housing farm animals (5)
17. Look at with fixed eyes (5)
21. Compared to (4)
22. Have the nerve (4)
23. Couple (3)
25. Choppers, so to speak (5)
26. Large northern deer with enormous flattened antlers in the male (5)
27. It's debatable (5)
28. Stops being open (5)
29. Exams (5)

Down

1. A worker (especially in an office) hired on a temporary basis (6)
2. Extended family (5)
3. Owns (3)
4. Top-quality (4)
5. Solar ___ (6)
7. Directed (5)
10. Go after (5)
12. Went under (4)
14. Disabled in the feet or legs (4)
16. Knowing (5)
18. Position (6)
19. A contest with rules to determine a winner (5)
20. Appear very large or occupy a commanding position (6)
23. An implement used in the practice of a vocation (5)
24. "Get ___!" (4)
26. Got together (3)

MAZE #15

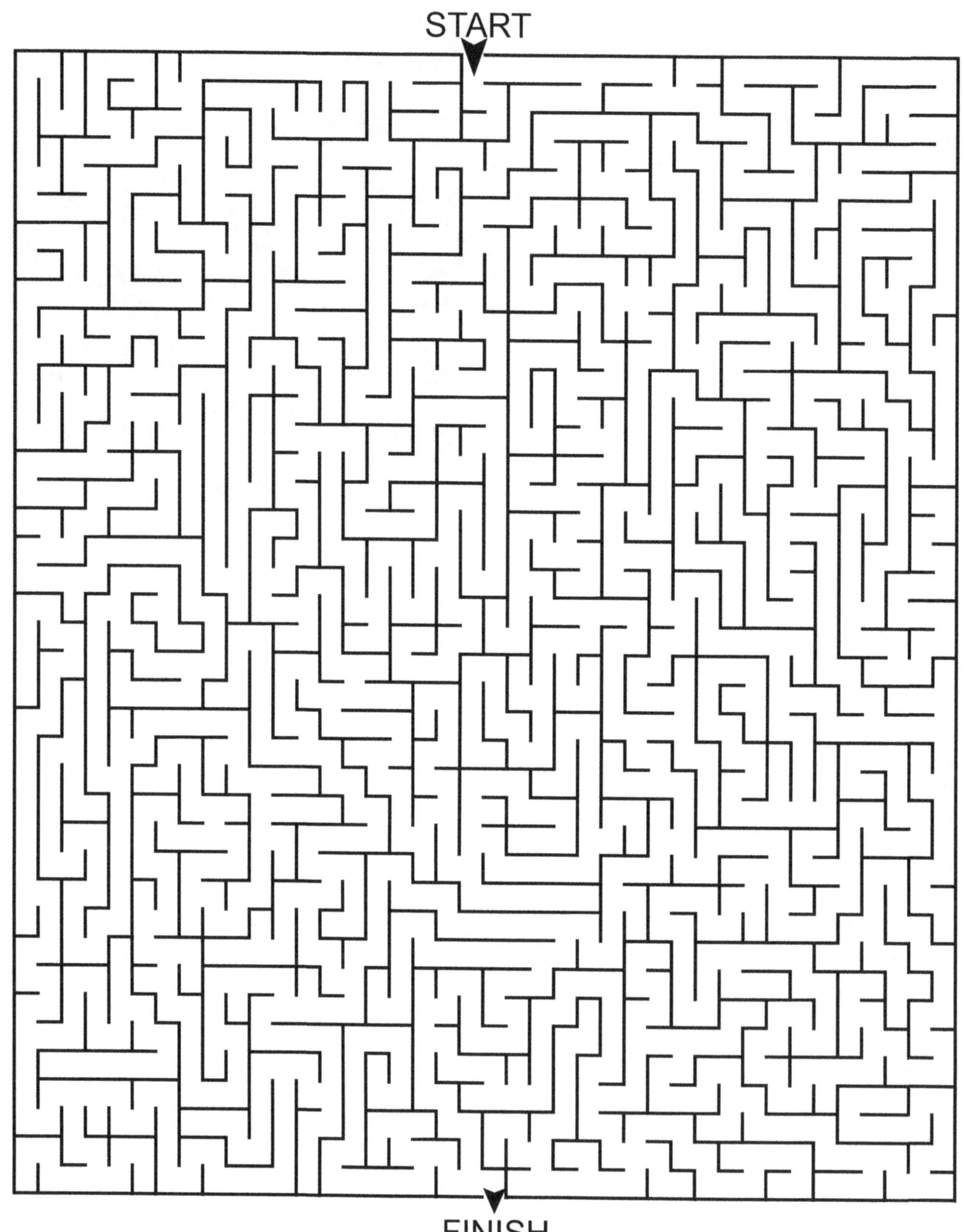

CHEMISTRY #16

B	O	N	D	C	I	V	K	N	D	K	C	K	O	G
H	E	T	I	U	V	T	H	I	G	M	P	A	C	T
A	R	S	E	N	I	C	C	Z	P	Y	G	I	F	O
C	A	A	R	N	O	A	U	K	B	J	T	Z	Y	M
B	K	T	C	N	R	B	R	C	H	A	R	G	E	C
A	L	M	I	Q	P	Z	M	T	M	M	V	A	Q	E
L	C	M	H	P	D	M	G	O	T	L	D	V	Z	L
U	A	Y	P	H	U	I	R	C	U	T	B	Y	I	L
M	E	H	A	I	E	A	F	N	B	A	P	L	V	C
I	I	U	C	N	X	P	O	S	P	L	A	F	K	J
N	B	L	E	G	S	B	W	L	I	K	U	E	W	C
A	A	R	T	Z	R	V	F	G	L	Y	W	Z	V	H
C	A	J	I	A	Q	T	A	A	J	N	M	F	D	A
L	A	L	C	O	H	O	L	H	E	E	B	D	H	L
A	J	A	H	E	A	V	G	Y	U	A	T	O	M	K

ACETIC
ACID
ALCOHOL
ALKALI
ALKYNE
ALUMINA

AMINO
ARENE
AROMATIC
ARSENIC
ATOM
BASIC

BOND
CALCIUM
CARBON
CELL
CHALK
CHARGE

PUZZLE #16

1 2 3 4 5 6 7 8 P
9 10 A
11 12 13 14 N 15
16 17 18 19
20 21 22
23 24 25
26 27 28 29
30 31 32
33 34 35
36 37 38 39
40 41 42 43
44 45
46 47

3 Letters
ART
BET
FED
PAN
PER
RAN
TEN
WAS

4 Letters
KEPT
ONES
PALE
PAST
TEAS
TREE
TYRE
WAKE

5 Letters
ATLAS
AWARE
BASED
ENDED
FINER
FLESH
IRONS
KNOTS
LEMON
LEVER
MINED
MOTHS
OPENS
ORGAN
PAPER
PEDAL
POINT
REPLY
SEWED
SHINE
SHOOT
SIZED
SLIPS
SPOTS
STEAK
STEPS
STIFF
TEASE
TESTS
TREAT
WASTE
WORRY

6 Letters
ANYONE
INSANE
KEEPER
OPENED
POTATO
PROFIT

PUZZLE #16

	14	23	2	21 L	15 Y		12			11	23	22	23	5
16		22		18		16	9	4 M	22	18		18		
18		22	19	5	16		9			7	19	16	9	14
14		21 L		9		14	16	23	16	9				25
14	9	9	7			6		17		14	16	23	1	9
9				22	21 L	23	5	16				25		5
2	9	13	19	21 L		5		14	19	16		16	18	9
		18		26 U						24		9		
25	18	6		4 M	19	20		8		26 U	5	2	9	17
26 U		9				17	18	26 U	5	2				9
10	9	21 L	18	6		23		19			19	25	9	14
9				9	1	15 Y	22	16		17		21 L		18
14	9	19	3	9			26 U		25	23	5	9		17
		5		7	5	19	12	9		17		23		16
14	23	5	2	14			12		13	9	19	5	14	

1	2	3	4	5	6	7	8	9	10	11	12	13
			M									
14	**15**	**16**	**17**	**18**	**19**	**20**	**21**	**22**	**23**	**24**	**25**	**26**
	Y						L					U

ABCDEFGHIJKLMNOPQRSTUVWXYZ

PUZZLE

7		9						
4		2		1	9	6		
5		8	7					9
8	7		4	2			6	
	4	5				3	2	
	2			8	3		5	4
3					8	4		6
		4	9	7		1		5
						8		2

	9	3	6		4			
				3			4	
8	5		9			3	6	2
6	7	9						8
4	1		7		2		3	6
2						1	7	5
9	6	2			3		8	7
	8			5				
			8		6	2	1	

PUZZLE #16

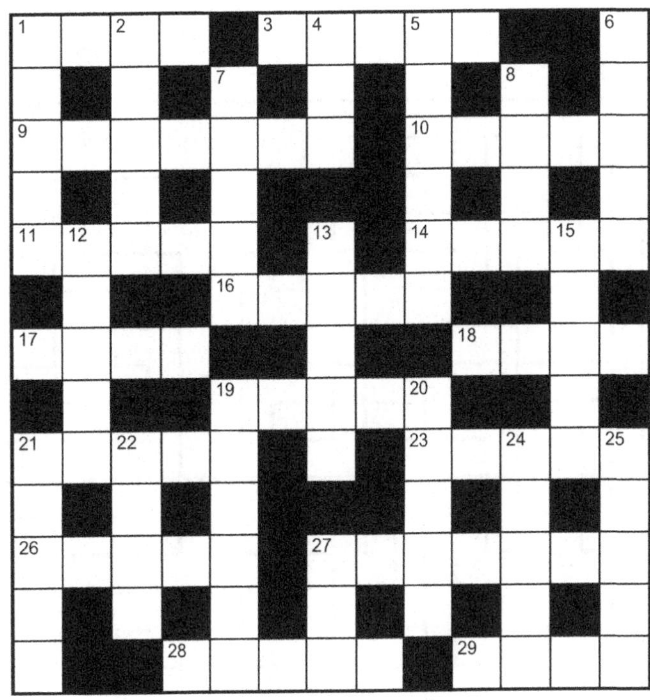

Across

1. Telephone part (4)
3. Estimate (5)
9. Picture (7)
10. Worker's demand (5)
11. A relation that provides the foundation for something (5)
14. Way up (5)
16. League members (5)
17. Like some memories (4)
18. Departed (4)
19. Any broad thin expanse or surface (5)
21. Act to fulfill a purpose, role, or function (5)
23. Honey bunch? (5)
26. Accommodate (5)
27. Earn on some commercial or business transaction (7)
28. Demands (5)
29. Runners (4)

Down

1. Go upward with gradual or continuous progress (5)
2. Understands (5)
4. Put to work (3)
5. Pressure (6)
6. An organized group of workmen (5)
7. Beginning (5)
8. Donate (4)
12. Helpless (5)
13. Cooks and makes edible by putting in a hot oven (5)
15. A coin worth one-hundredth of the value of the basic unit (5)
19. Bring to an end (6)
20. Doctor (5)
21. Rise (5)
22. Not fake (4)
24. Grab (5)
25. Appears (5)
27. A long thin implement made of metal or wood (3)

MAZE #16

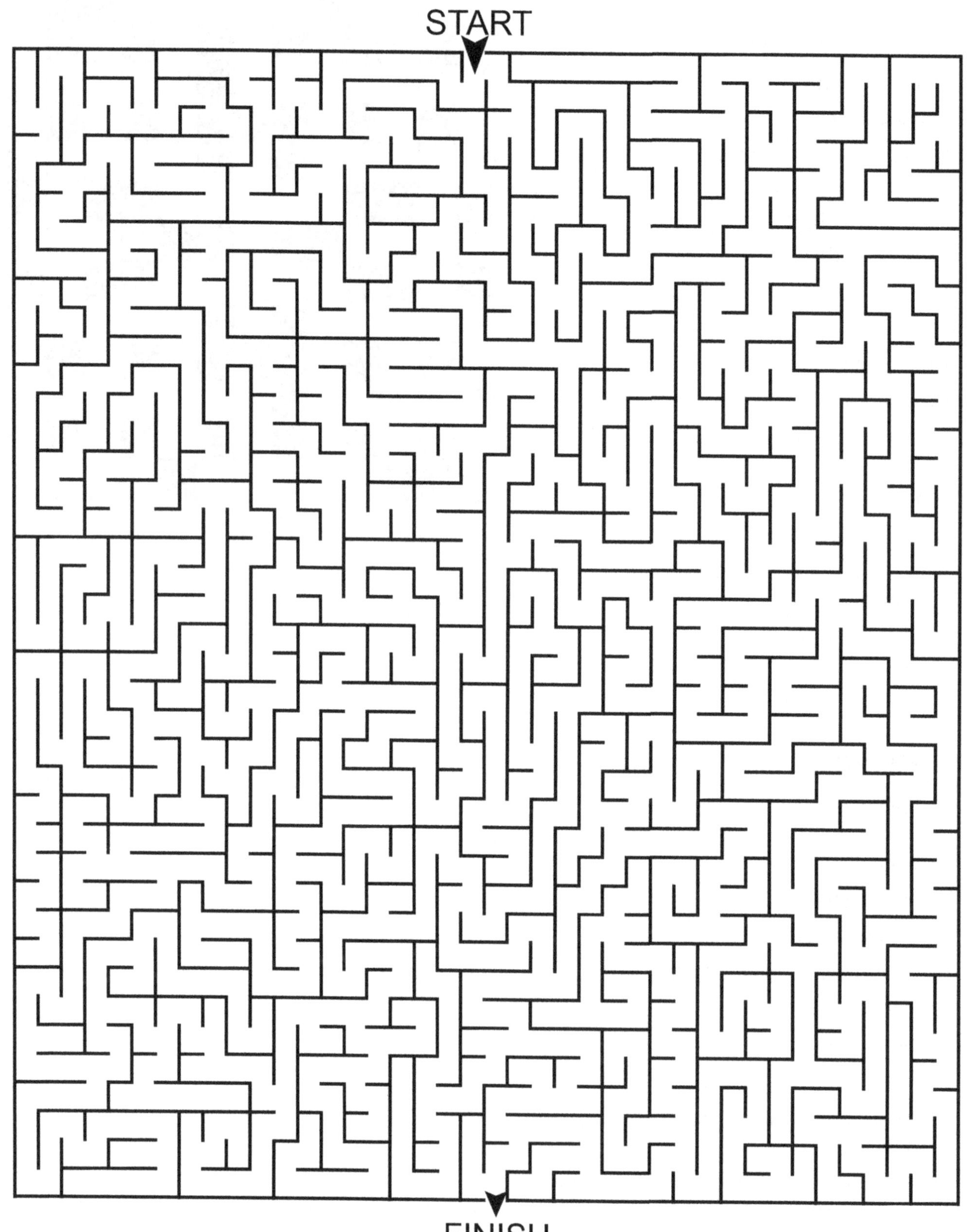

ART #17

A	B	C	G	P	D	R	O	S	C	B	N	V	Q	T
R	C	A	L	L	I	G	R	A	P	H	Y	R	F	K
T	G	R	T	I	A	A	L	G	J	D	K	B	E	A
I	V	T	T	I	V	Z	R	A	I	V	R	K	Q	A
S	T	O	Q	R	K	X	E	T	S	I	H	L	F	Q
T	E	O	B	N	R	O	Q	T	W	S	C	O	D	M
G	F	N	W	L	R	S	T	K	U	O	G	Y	M	J
B	Q	R	A	M	S	M	N	R	R	O	R	D	N	L
C	A	N	V	A	S	O	B	C	V	D	I	K	B	P
R	X	I	P	H	Y	W	I	A	C	X	D	Z	R	A
A	L	M	D	A	D	C	K	R	J	G	T	Z	I	Y
Z	O	N	R	M	R	C	T	V	R	Q	O	Z	D	C
C	K	C	H	M	W	B	L	E	N	D	I	N	G	G
Z	W	L	M	E	P	F	Q	A	K	D	L	T	E	R
W	N	G	C	R	E	A	T	E	Y	C	O	L	O	R

ARTIST
ARTWORK
BATIK
BLENDING
BRIDGE
BRUSH
CALLIGRAPHY
CANVAS
CARTOON
CARVE
CLAY
COLOR
COMPASS
CRAYON
CREATE
GLASS
GLAZE
HAMMER

PUZZLE #17

18 C A N

3 Letters
ADD
BED
CAN
HAM
MAT
WHO

4 Letters
AIMS
ARCH
ASIA
AWAY
AXLE
BAKE
BOSS
CELL
DRAG
EARN
ENDS
EVIL
EYED
FAME
FIRE
HALT
LATE
LEND
MILE
PLOT
RATS
RENT
SEEM
SOME

5 Letters
ALIEN
BASIC
BRASS
CANAL
CLAIM
DISKS
FALSE
LATER
LEAST
MAJOR
PLAIT
REFER
ROUTE
SCOUT
SPELL
STERN
TOTAL
UNDER
VOWEL
WROTE

6 Letters
ALARMS
CAREER
IMAGES
LOSERS

PUZZLE #17

■	3	10	9	20	7	6	■	14	26	18	19	5 K	6	■
■	■	18	■	■	■	9	■	26	■	■	■	9	■	■
19	26	20	■	6	7	11	6	7	■	6	9	11	5 K	6
25	■	7	■	11	■	5 K	■	26	■	11	■	1	■	9
18	■	6	20	18	17 Y	■	23 B	7	8 L	25	3	■	■	12
20	■	■	■	21	■	21	■	■	■	3	■	18	■	7
6	18	8 L	7	6	■	7	11	16	25	17 Y	■	23 B	26	15
■	■	25	■	■	■	18	■	26	■	■	■	8 L	■	■
6	9	20	■	7	18	6	7	8 L	■	6	13	7	8 L	2
8 L	■	6	■	4	■	■	■	17 Y	■	11	■	■	■	9
9	■	■	15	9	22	7	15	■	19	18	8 L	24	■	1
19	■	3	■	6	■	11	■	21	■	19	■	18	■	13
7	4	18	19	20	■	20	13	18	11	5 K	■	21	9	20
■	■	22	■	■	■	10	■	19	■	■	■	8 L	■	■
■	3	7	7	5 K	8 L	17 Y	■	5 K	11	9	22	7	6	■

1	2	3	4	5	6	7	8	9	10	11	12	13
				K			L					

14	15	16	17	18	19	20	21	22	23	24	25	26
			Y						B			

ABCDEFGHIJKLMNOPQRSTUVWXYZ

PUZZLE

		2	8		9			5
4			5		7	8		
	3	8	2		1	7	6	9
2			6	1			8	
	7	5				6	1	
	8			9	4			2
1	2	7	9		6	4	3	
		6	4		8			1
8			1		3	2		

	7	6		8			3	
5		3			2	4	6	1
			1			8		7
	6	9	3			7		
2	1		5		7		9	6
		7			6	1	4	
8		1			4			
6	3	4	7			5		9
	2			3		6	1	

PUZZLE #17

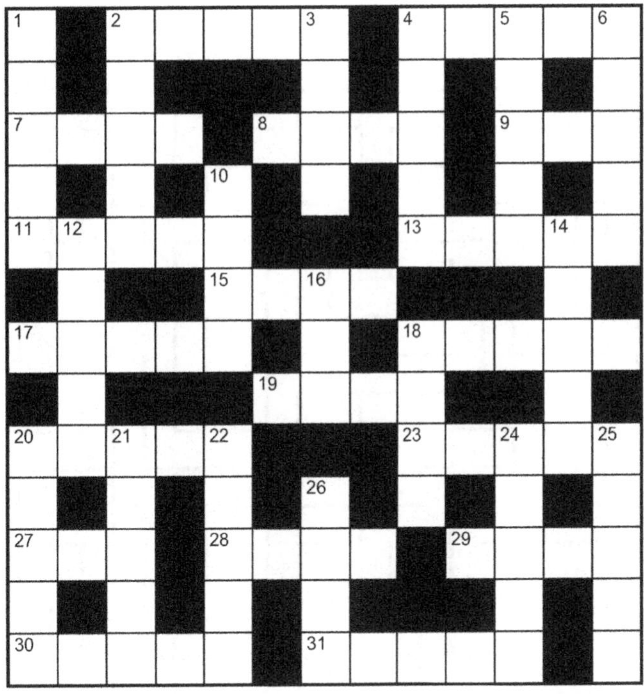

Across

2. Reservations (5)
4. Kind of pad (5)
7. The wife of your uncle (4)
8. A single time (4)
9. Completely (3)
11. Part of an act (5)
13. Corners (5)
15. Not at home (4)
17. A great deal (5)
18. A slice of meat cut from the fleshy part of an animal or large fish (5)
19. Leave behind (4)
20. Lab work (5)
23. A subdivision of a particular kind of thing (5)
27. Worker in a garden (3)
28. Cover the surface of; furnish with a surface (4)
29. Computer info (4)
30. Hawks (5)
31. Mall units (5)

Down

1. Remains (5)
2. Brains (5)
3. Beach, basically (4)
4. Orally recite the letters (5)
5. Informed (5)
6. Apply force so as to cause motion towards the source of the motion (5)
10. After-dinner selection (4)
12. Construction site sight (5)
14. Clear the boards (5)
16. Before now (3)
18. Math groups (4)
20. Conduit consisting of a long hollow object (usually cylindrical) used to hold and conduct objects, liquids or gases (5)
21. Girder material (5)
22. A truncated cloth cone mounted on a mast (5)
24. An arrangement scheme (5)
25. An alternative name for the body of a human being (5)
26. Expel from a community or group (4)

MAZE #17

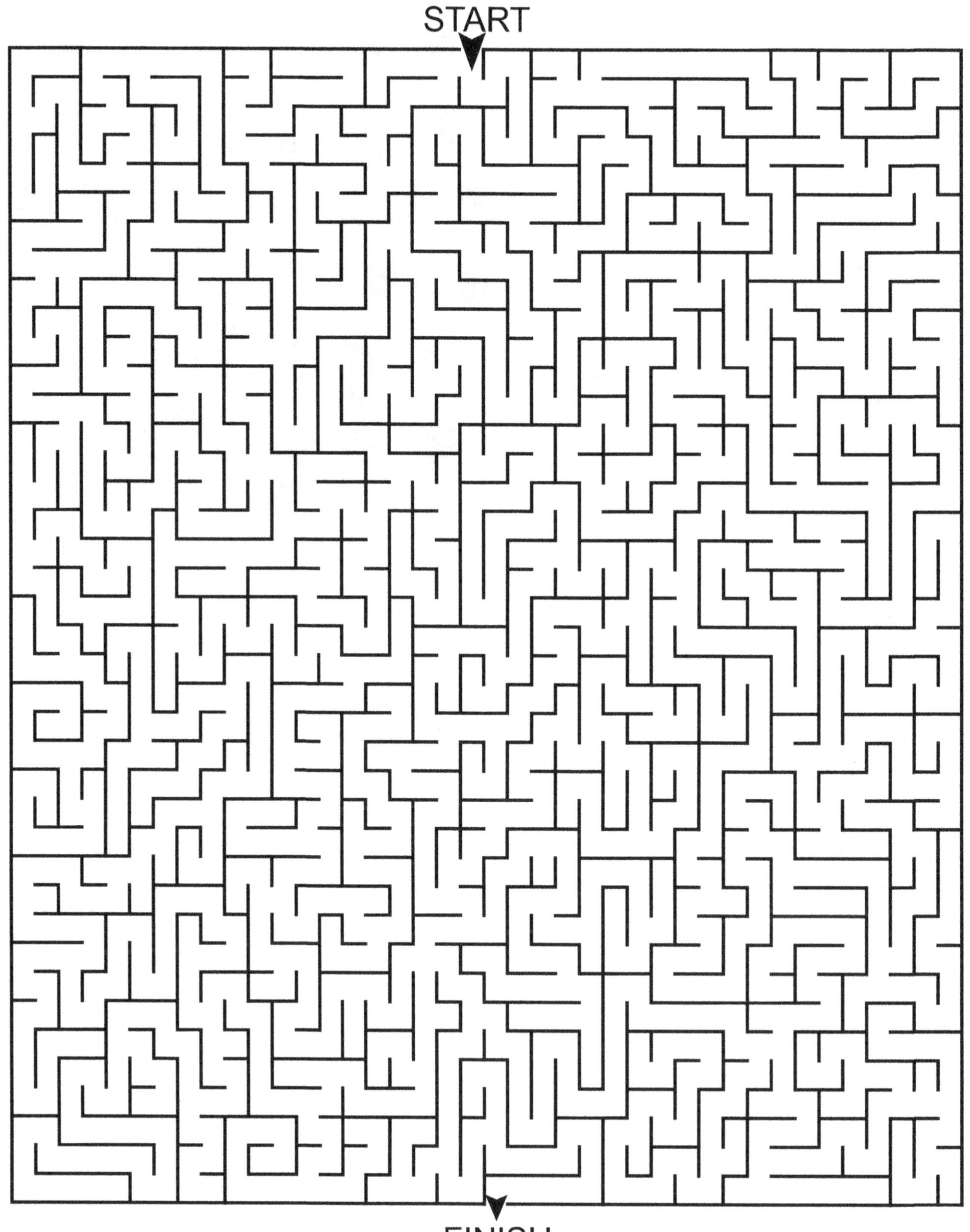

SOLUTIONS
WORD SEARCH

No.01

```
C T Y X I J R A A U C T I O N
F R T O Y U U G M T D X E B D
V A E I N C O M E A X O X N P
W B F D E U Z B I L L Y P H L
L T A Q I J N B E U C H E A P
P N V R G T Y G A S T Z N F Z
B N W P G T N J O I O W S S X
Z J A X I A V F S P L Z E I W
G Y K U H A I O I S Y O L A S
B O Q C U H P N I N Q S U R M
N E L G C E Z T U Y A T R T F
G T A G D A M N W J B N O I L
O M S J B U S I N E S S C M X
B A N K C H B H D X Y E L E N
F L D O N A T E B O R R O W T
```

No.02

```
O S R E D U J G P M K T O S O
Y J N V U S L E Q I I Q E D R
H U S I R X V X F L Q H I D B
J B C R O C U S O A S H W G A
A B R S I Z S Y A O Z W L B B
C V U E I R V V L V Z P M W U
V X E L E D W A O R H A F J T
G L O W B Z G L F K L U M H T
X H O V O S E N X A I Q B Y E
B L O S S O M G S R A C C G R
F L W C P H A G B U N N Y R F
B T O U Q N G P I Q D E Z O L
O H G O U E F Z R N H X O W Y
R H V K M U J P T I H A T C H
N H R U L L E F H V L T S L S
```

No.03

```
E H Z X L L Q V R I J G Q P U
T V R K G E Z V A Z D M A I O
H F V M W C D A Q I M N V I O
I G M M A E R A Y X I Y U T B
O Y B R A Z I L T H B V E H L
P I L U T R A S C Q P I Y A Z
I M P P E I I N D O N E S I A
A G Y G S T T H K B K T G L K
A G I S J J E A J R I N E A A
E N U M L C Z W U A W A R N J
I R B W N I F T I G P M M D O
T M V A X T N V U U C A A G P
A Y R E G M X D R P U U N V M
L F M E X I C O I X N O Y F Y
Y L L Q D Y C Q Z A C I R A N
```

No.04

```
H B V Y E W C A D D R E S S O
B E A F J D Z O N A C Z Q G F
I Q A G E S I J U J B L G J U
R A G R V D P P R N P D E R Y
T X X B I Z U E L E T D N T O
H U S B A N D C C O O R I Y F
D J H A A N G N A C M C Y I M
A Q G N E E E P A T F A Y O R
Y O G G F I R E D P I O R K D
C X R J R L R R F D P O E J A
M Z X E A A H H R E I L N T T
K A P S C H O O L H M L Y A E
W X N J Z D C F A M M A Y A L
E E L E M E N T A R Y G L M M
N Z L V R F N J P K T M C E R
```

No.05

```
O Y V L K G C T V M Z N R W P
A D N C A G K T M U B O Z E G
O S O N W W F Q F Q T J B N S
T L P M P L R D C A Q T V X E
M S A W E O A P N Y L Q T E A
A X L E W T M R F O E F J J T
N J A F H Q E D R D I J G A Y
I J R M U T Q R U H M J J N F
F M M L L E W E S U W J D T T
O V U A H A L I G H T S E E I
L P G F S W T M J R C S K N O
D X F K F X C T A K U S A N Y
O K B L W L I X C F A C U A C
O J V F D J E P K G M O T O R
A I B T N F O R V J P E O A C
```

No.06

```
X M E M Q L H Q K W F Y E C P
K S F I H C U D C B R I N E X
B M L N I E R F R O S T K K V
P N W O M A R Q O V L D M G Z
O L F K Z W I A Y B I Y I J B
N U C Z A Q C C S M O H H P P
D Q I P O N A T U L Z I F A U
B L M O R M N H J O B R L O G
B A I A C E E B A S I N O P D
D T M J U E M L S P S H W O C
W V Y L K L A K I F J J O O E
H Y F M L N O N H N H L R L T
N F C H A N N E L P F M V Q D
E V W C K S Y J Z V K T A V S
V G E B E V Q V A Q U A P W N
```

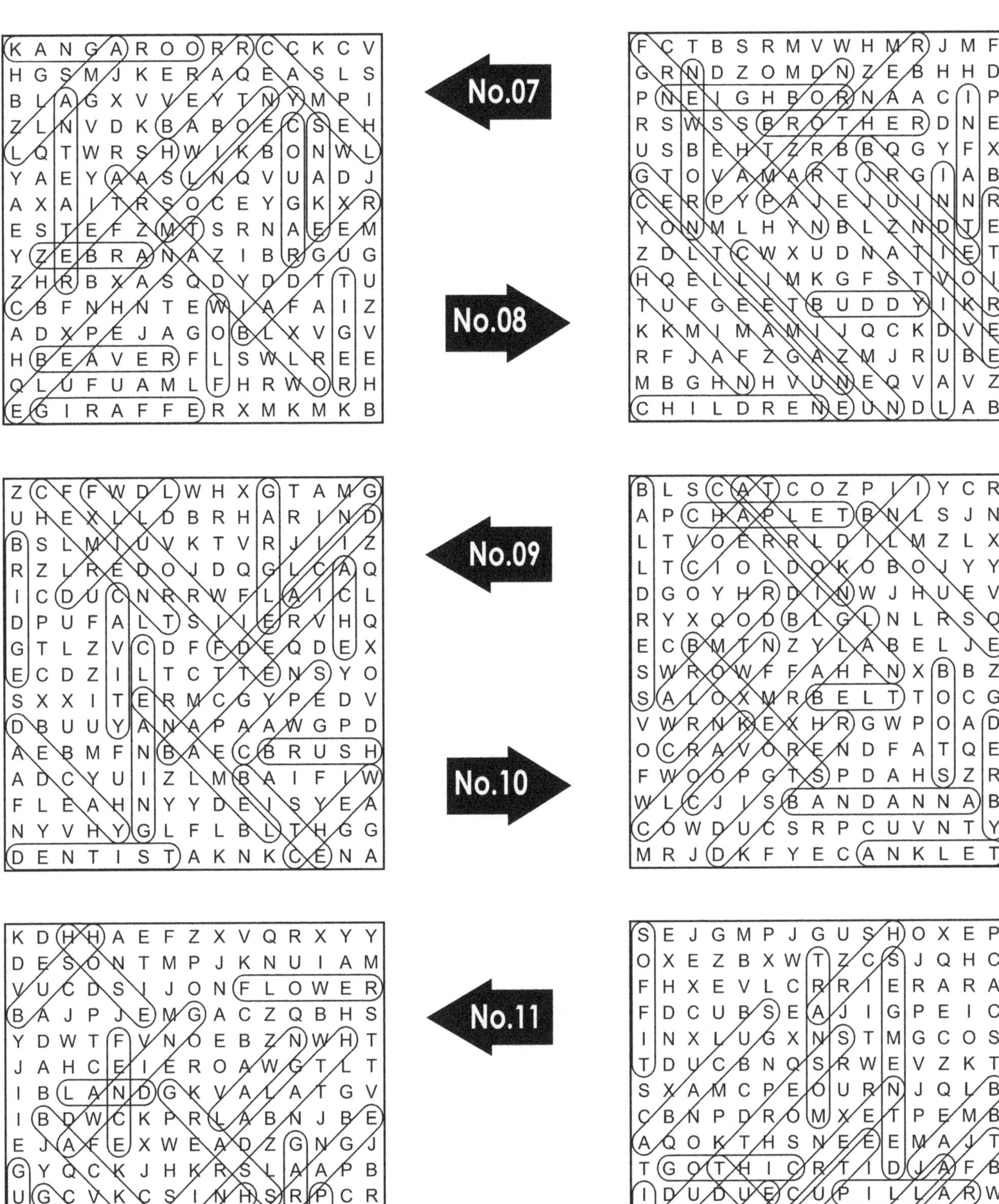
No.07
No.08
No.09
No.10
No.11
No.12

No.13

```
P H Q O Z C H A P E L F E B S
N Y Y E S B U K T W L O A A O
B D I F O U S I X T H X N S C
C O B N S U I T E J I P S E C
G R U R J O R C U P I C E M H
H M A D Y F C H V D H N B E A
J I V A O F Z E S Y I X O N L
X T Y E U I M N J B D O A T L
T O A F P C R P A R L O R B W
S R A O X E I C Y X Z Y D V A
E Y L R Y R M E E W F N R O Y
H V G B M D X N T L V Z O C Y
X T B G R O T T O K L J O K U
A U V F E I R R Q C Q V M E X
C M B C Z C T Y K E J J K H O
```

No.14

```
J Z W D K F I D P B M G D R U
X G P S R K M P A L H L I G A
T C A W L R X K S F F P I D A
I M O H E O P A S K X T O N C
N R U T L T U L I E Y W O R K
T O U L G D P A V J S I X E T
E O D M T S C Y E S T S G T Y
R V K E Z I E E A U Y T I E L
N P T S F K H R L D L E R O V
E O Y F I C H O V I A D H T N
T E A B Q G S B P E V P T N I
C R R P P E L U V P R A T Q U
T E E R R I I O E A L I Q E V
D P I Q O E N L U T S R F V R
T W L A P R K G Q H R B D X Q
```

No.15

```
J T X R L J F W G L A C I A L
R J G F A G D M E L T T S U Z
I F O V E R C A S T E X Y A K
F I R E D F O Z V K B O O T S
E I P E B F L A N N E L X B M
B R R C E I D A Q N G G H L O
R S M E Y Z L Q O E G L B H X
U X O V P B I T Y E N C A Y I
A H T C H L S N W X O X L E G
R H V P O L A F G B G L E R F
Y P E F I U F C Q K I U E I R
V J K A Q Z G H E H B B R V O
W N H X T J K H C I E J T W Z
Z T A S V E T O P C M C S A E
B L I Z Z A R D I H R Y U C N
```

No.16

```
B O N D C I V K N D K C K O G
H E T I U V T H I G M P A C T
A R S E N I C C Z P Y G I F O
C A A R N O A U K B J T Z Y M
B K T C N R B R C H A R G E C
A L M I Q P Z M T M M V A Q E
L C M H P D M G O T L D V Z L
U A Y P H U I R C U T B Y I L
M E H A I E A F N B A P L V C
I I U C N X P O S P L A F K J
N B L E G S B W L I K U E W C
A A R T Z R V F G L Y W Z V H
C A J I A Q T A A J N M F D A
L A L C O H O L H E E B D H L
A J A H E A V G Y U A T O M K
```

No.17

```
A B C G P D R O S C B N V Q T
R C A L L I G R A P H Y R F K
T G R T I A A L G J D K B E A
I V T T I V Z R A I V R K Q A
S T O Q R K X E T S I H L F Q
T E O B N R O Q T W S C O D M
G F N W L R S T K U O G Y M J
B Q R A M S M N R R O R D N L
C A N V A S O B C V D I K B P
R X I P H Y W I A C X D Z R A
A L M D A D C K R J G T Z I Y
Z O N R M R C T V R Q O Z D C
C K C H M W B L E N D I N G G
Z W L M E P F Q A K D L T E R
W N G C R E A T E Y C O L O R
```

SOLUTIONS
WORD FILL-INS

No.01

B	A	N	G		K			H	O	L	D	S
E		O		D	I	S	C	O			A	
L		S	P	E	L	T		P	H	O	T	O
O	W	E		F	L	A	M	E		V	A	N
W	A	S	T	E		R	I	D	G	E		I
	G		E	A	S	E	L		O	N	T	O
P	O	T	A	T	O		L	O	O	S	E	N
O	N	E	S		L	A	S	T	S		N	
R		M	E	T	A	L		H	E	A	T	S
T	I	P		A	R	I	S	E		S	H	E
S	N	O	W	S		E	A	R	T	H		E
	C			T	A	N	K	S		E		M
C	H	A	S	E			E		A	S	K	S

No.02

S		T	A	S	K	S		J	A	P	A	N
T	R	A	I	L		E	V	I	L		P	
A		S	M	I	L	E		G	L	A	R	E
M	A	T		C	O	S	T	S		R	O	D
P	R	E	F	E	R		W	A	K	I	N	G
	M		I		D	R	O	W	N	S		E
T	Y	R	E	S		A		S	E	E	D	S
I		A	L	W	A	Y	S		L		R	
G	L	I	D	E	R		P	A	T	T	E	D
H	A	S		A	T	T	I	C		O	W	E
T	R	E	A	T		O	N	I	O	N		N
	G		W	E	A	R		D	R	E	S	S
L	E	V	E	R		N	O	S	E	S		E

No.03

H	E	L	P	S		A	W	A	R	E		T
U		A	I	M	E	D		L	I	V	E	R
M	A	P	L	E		D	R	I	V	E		U
	G		E	L	S	E		V	E	R	S	E
M	O	I	S	T		D	E	E	R		L	
I		D			M		Y		S	O	O	N
S	H	E		S	A	F	E	R		A	W	E
T	E	A	R		K		S			T		W
	R		A	R	E	A		C	O	S	T	S
R	O	U	T	E		R	E	A	D		O	
A		S	T	A	R	E		R	O	P	E	S
F	I	E	L	D		A	R	G	U	E		U
T		D	E	S	K	S		O	R	G	A	N

No.04

U		G	H	O	S	T		T	R	E	E	S
S	O	L	O		M	O	T	H	E	R		E
I		A	G	A	I	N		A	D	A	P	T
N	O	R		S	L	E	P	T		S	E	T
G	R	E	A	S	E		I		S	E	A	L
	A		B	U	S	I	E	S	T			E
F	L	O	O	R		T		L	O	R	D	S
O			V	E	R	S	I	O	N		A	
R	O	P	E		A		S	P	E	A	R	S
W	A	R		S	T	O	R	E		G	E	T
A	R	I	S	E		W	A	S	T	E		O
R		N	E	E	D	L	E		I	N	T	O
D	A	T	E	S		S	L	A	N	T		P

No.05

U		H	A	U	L		T		F	R	O	M
S	T	A	R		E	X	I	T		U		A
E	A	S	E	L	S		M	O	A	N		D
	X		A		S	H	I	P		S	E	E
P	I	N		M	O	O	D				V	
A		E	V	E	N	T		R	I	S	E	S
S	E	T		S				O		A	N	T
T	A	S	K	S		C	L	O	W	N		O
	S				B	A	I	T		G	A	P
B	E	T		S	O	R	T		C		G	
E		H	E	A	R		T	R	A	C	E	D
E		A		D	E	A	L		B	A	S	E
S	A	N	D		D		E	A	S	T		W

No.06

S	A	T		H	E	R	E			I	T	S
T	R	I	B	E		A		R	U	N		
A	R	T		R	A	D	I	O		C	O	T
R	O	L	L			I		P	O	L	A	R
S	W	E	E	T		O	N	E		U	S	E
			N	O	I	S	E			D	I	E
B	E	A	T	E	N		A	C	C	E	S	S
R	A	N			T	O	T	A	L			
A	R	C		C	O	W		B	A	S	E	S
S	T	I	L	L		N			M	O	R	E
S	H	E		A	C	I	D	S		L	A	W
		N	O	W		N		P	H	A	S	E
S	I	T			U	G	L	Y		R	E	D

No.07

S	O	F	A		B	L	E	D		S		J
E		U	N	T	I	E		U	N	C	L	E
W	O	N	T		T	A	M	E		R		T
S	U	N		M	E	R	E		H	I	S	
	T	Y	R	E		N	A	P		P	U	T
F				T	A	S	T	E		T	I	E
O	C	C	U	R				R	E	S	T	S
N	O	R		E	D	G	E	S				T
D	I	E		S	I	R		O	V	A	L	
	L	A	P		E	A	R	N		L	O	W
H		T		A	S	I	A		N	O	T	E
A	R	E	A	S		N	Y	L	O	N		P
M		S		K	I	S	S		W	E	S	T

No.08

G	A	S		R	O	A	R	S			S	
R		P	L	A	I	N		T	O	R	C	H
O	W	E		G	L	I	D	E		A	R	E
W	E	L	L			M		A	F	T	E	R
L	A	T	I	N		A	R	M		T	W	O
	V		N	O	B	L	E			L		E
S	E	V	E	R	E		S	P	E	E	D	S
H		O		E	A	T	E	N			R	
I	C	Y		A	R	C		A	D	M	I	T
R	O	A	D	S		C			S	A	V	E
T	A	G		H	O	U	R	S		R	E	D
S	C	E	N	E		S	U	I	T	S		D
	H			S	C	E	N	T		H	A	Y

No.09

W		Y		A	D	D	S		C	A	L	F
A	L	O	U	D		R	O	M	A	N		A
Y		G		D	E	A	F		S	T	A	R
S	C	A	L	E		W	A	G	E		I	
	L		I	D	L	E		A		A	R	C
F	A	C	E		A	R	T	S		R		U
O	W	L	S		T		O		T	E	S	T
L		U		H	E	R	O		H	A	T	E
D	Y	E		O		E	L	S	E		I	
	E		S	P	O	T		H	E	A	R	S
T	A	M	E		N	I	N	E		R		W
I		E	A	G	E	R		D	R	A	M	A
N	U	T	S		S	E	E	S		B		N

No.10

A	N	G	L	E		S	W	A	M	P		S
	E		E	A	S	E		W	E	I	G	H
W	A	S	N	T		A	L	O	N	E		O
	R		T	E	A	R		K		S	A	T
L	E	T		N		C	R	E	W		P	
A	R	A	B		T	H	E		H	A	T	H
V		S	O	L	O		S	U	I	T		O
A	S	K	S		R	A	T		P	O	T	S
	A		S	T	E	P		R		M	E	T
O	W	E		H		P	E	A	S		S	
V		A	P	R	I	L		T	E	N	T	H
A	G	R	E	E		E	V	E	N		E	
L		S	T	E	P	S		S	T	U	D	Y

No.11

S	O	F	A		C	O	M	M	A		H	
E		I	N	S	A	N	E		C	H	E	W
L	O	N	G		P	E	R		T	A	M	E
F	A	D	E			S	E	V	E	N		A
	R		L	I	P			A	D	D		L
A	S	K	S		U	P	O	N		F	A	T
T		E		A	R	E	A	S		U		H
H	U	T		R	E	N	T		A	L	L	Y
L		T	H	E			H	O	T		I	
E		L	O	A	D	S			T	R	E	E
T	H	E	M		A	P	T		E	A	S	Y
E	A	S	E		W	I	R	I	N	G		E
	T		S	U	N	N	Y		D	E	A	D

No.12

	L		P	A	R	T	S		S	C	A	R
R	A	T	E	S		R	A	Z	O	R		I
	V		T	I	D	A	L		C	O	R	D
W	A	S		D		P	E	A	K	S		G
I		T	H	E	M			T		S	E	E
T	R	E	E		A	C	R	E	S		N	
H	O	W	L		D	U	E		A	D	D	S
	S		P	O	E	T	S		C	O	S	T
W	E	B		W			T	A	K	E		A
H		R	A	N	C	H		F		S	I	R
O	R	A	L		A	U	N	T	S		C	
L		S	L	I	P	S		E	A	S	E	L
E	A	S	Y		S	H	I	R	T		S	

No.13

D	R	A	G	O	N	S		B	U	M	P	S
E	A	G	E	R		T	O	R	N		E	
A	M	A	T	E	U	R		A	T	L	A	S
L		I				I		N	O	I	S	E
S	A	N	D	S		K	I	D		N		E
	L		E	A	T	E	N		V	E	I	N
	S	T	A	T	E		T	R	E	N	D	
R	O	A	R		S	T	O	U	T		L	
U		K		I	T	S		N	O	T	E	S
B	L	E	E	D		H				R		A
S	I	N	C	E		I	N	I	T	I	A	L
	S		H	A	I	R		N	O	B	L	E
S	T	O	O	L		T	U	N	N	E	L	S

No.14

M	A	D		P	A	S	S			W	I	T
E	R	R	O	R		H		S	E	E		H
T	I	E		A	W	A	R	E		I	C	E
E	S	S	A	Y		R		A	N	G	R	Y
R	E	S	T		M	E	S	S		H	A	D
			T	H	E		H	I	T		W	
S	O	V	I	E	T		I	D	E	A	L	S
	N		C	A	R		P	E	N			
B	I	D		L	E	S	S		S	A	N	G
R	O	A	S	T		O		L	E	V	E	R
A	N	D		H	E	L	L	O		O	R	E
S		D	R	Y		V		O	L	I	V	E
S	K	Y			W	E	A	K		D	E	N

No.15

S		S	T	E	A	K		S	T	E	P	S
T	R	E	E		R	E	P	L	Y		A	
I		W	A	S	T	E		I	R	O	N	S
F	L	E	S	H		P	A	P	E	R		I
F	E	D		O	P	E	N	S		G		Z
	M		W	O	R	R	Y		P	A	L	E
P	O	T	A	T	O		O	P	E	N	E	D
O	N	E	S		F	I	N	E	R		V	
I		A		M	I	N	E	D		B	E	T
N		S	P	O	T	S		A	W	A	R	E
T	R	E	A	T		A	T	L	A	S		S
	A		S	H	I	N	E		K	E	P	T
K	N	O	T	S		E	N	D	E	D		S

No.16

S		R	I	G	H	T		S	I	X	T	Y
T	H	A	N		O	U	T	E	R		A	
R		C	L	I	M	B		W	O	R	S	T
A	R	E	A		E		S	E	N	A	T	E
W	A	S	N	T		R	I	D		T	E	N
	T		D	A	R	E	D		B	E	S	T
B		R		P	O	L	E	S		S		S
L	E	A	N		B	A	S	E	S		P	
A	I	D		K	E	Y		T	H	R	O	W
S	T	A	T	E	S		W		R	I	P	E
T	H	R	E	E		R	I	G	I	D		E
	E		A	P	R	O	N		L	E	A	D
B	R	A	S	S		D	E	A	L	S		S

No.17

B	O	S	S		F	A	L	S	E		B	
A		T	O	T	A	L		C	A	N	A	L
S	E	E	M		M	A	J	O	R		K	
I		R	E	F	E	R		U	N	D	E	R
C	A	N		I		M	A	T		R		A
	W		B	R	A	S	S		H	A	L	T
C	A	R	E	E	R		I	M	A	G	E	S
E	Y	E	D		C	L	A	I	M		N	
L		N		W	H	O		L		A	D	D
L	A	T	E	R		S	P	E	L	L		I
	X		V	O	W	E	L		A	I	M	S
P	L	A	I	T		R	O	U	T	E		K
	E		L	E	A	S	T		E	N	D	S

SOLUTIONS
CODE WORD

No.01

B	O	X	E	S	■	Q	■	M	■	A	D	A	P	T
■	■	■	■	H	■	U	S	U	A	L	■	W	■	R
D	■	S	T	Y	L	E	■	M	■	S	L	A	V	E
I	■	E	■	■	■	E	■	■	■	O	■	R	■	E
T	E	A	R	S	■	R	O	A	D	■	J	E	W	S
C	■	L	■	H	■	■	■	U	■	■	■	■	I	■
H	A	S	■	O	C	E	A	N	■	S	W	I	N	G
■	R	■	■	E	■	X	■	T	■	T	■	■	D	■
T	O	A	D	S	■	T	A	S	T	E	■	G	Y	M
■	S	■	■	■	■	R	■	■	■	P	■	U	■	A
V	E	T	O	■	J	A	Z	Z	■	S	H	I	F	T
I	■	E	■	P	■	■	■	E	■	■	■	D	■	C
D	R	A	M	A	■	J	■	B	L	A	Z	E	■	H
E	■	M	■	S	P	E	A	R	■	S	■	■	■	■
O	A	S	I	S	■	T	■	A	■	K	N	O	T	S

No.02

B	U	L	B	S	■	M	A	J	O	R	■	L	■	S
A	■	■	O	■	■	A	■	U	■	A	P	A	R	T
G	■	E	X	A	C	T	■	G	A	P	■	V	■	A
■	■	■	E	■	■	C	■	■	■	I	T	A	L	Y
S	C	A	R	F	■	H	A	T	E	D	■	■	■	S
T	■	C	■	A	■	■	■	A	■	■	■	N	■	■
O	U	T	■	B	L	A	N	K	■	Q	U	I	L	T
R	■	I	■	L	■	W	■	E	■	U	■	G	■	E
M	O	V	I	E	■	F	E	N	C	E	■	H	E	R
■	■	E	■	■	■	U	■	■	■	E	■	T	■	M
A	■	■	■	O	I	L	E	D	■	R	E	S	T	S
T	H	I	E	F	■	■	■	E	■	R	■	■	■	■
L	■	R	■	T	O	P	■	S	C	O	R	E	■	A
A	B	O	V	E	■	O	■	K	■	■	O	■	■	N
S	■	N	■	N	O	T	E	S	■	C	R	A	Z	Y

No.03

■	A	C	T	I	V	E	■	T	■	E	N	T	R	Y
J	■	O	■	M	■	A	W	A	R	D	■	■	■	■
U	■	A	P	A	R	T	■	L	■	G	R	A	S	S
S	■	T	■	G	■	S	C	E	N	E	■	W	■	W
T	A	S	T	E	■	■	■	■	■	S	L	A	V	E
■	W	■	■	S	T	U	P	I	D	■	■	K	■	E
J	A	R	S	■	A	■	R	■	I	■	W	E	S	T
■	R	■	■	■	K	N	I	T	S	■	■	■	P	■
T	E	A	R	■	E	■	S	■	C	■	D	R	E	W
A	■	D	■	■	S	Y	M	B	O	L	■	■	R	■
B	E	A	M	S	■	■	■	■	■	A	T	O	M	S
L	■	P	■	H	U	T	C	H	■	Z	■	C	■	P
E	X	T	R	A	■	H	■	O	L	I	V	E	■	A
■	■	■	■	F	R	A	I	L	■	E	■	A	■	N
Q	U	I	E	T	■	T	■	D	U	R	I	N	G	■

No.04

S	■	S	■	S	A	L	E	S	■	■	V	■	■	O
E	R	A	S	E	■	E	■	T	O	N	E	S	■	B
E	■	L	■	T	R	A	C	E	■	■	T	■	■	E
S	T	A	Y	S	■	P	■	A	■	J	O	L	L	Y
■	■	D	■	■	■	■	■	K	■	■	■	U	■	E
T	■	S	E	T	T	L	E	■	O	P	E	N	E	D
H	■	■	■	A	■	E	■	F	■	A	■	C	■	■
Y	E	T	■	L	I	N	K	I	N	G	■	H	U	M
■	■	R	■	K	■	D	■	R	■	E	■	■	■	A
S	Q	U	A	S	H	■	S	E	E	S	A	W	■	N
E	■	S	■	■	■	R	■	■	■	■	■	I	■	■
A	C	T	O	R	■	I	■	T	■	S	I	Z	E	S
S	■	■	U	■	■	D	R	A	M	A	■	A	■	T
O	■	P	R	I	M	E	■	X	■	F	O	R	C	E
N	■	■	S	■	■	S	P	I	N	E	■	D	■	W

No.05

F	E	E	L	■	A	B	L	E	■	B	O	M	B	S
■	G	■	■	S	■	U	■	X	■	■	■	E	■	T
P	Y	J	A	M	A	S	■	T	■	W	A	T	E	R
■	P	■	■	O	■	H	O	R	S	E	■	A	■	A
S	T	I	C	K	Y	■	■	A	■	A	L	L	O	W
H	■	N	■	E	■	A	■	■	■	V	■	■	■	■
E	N	D	S	■	F	R	E	E	Z	E	■	S	A	D
L	■	E	■	■	■	E	■	Y	■	■	■	N	■	R
F	O	X	■	S	T	A	Y	E	D	■	G	A	M	E
■	■	■	■	T	■	■	■	D	■	W	■	P	■	S
Q	U	E	U	E	■	B	■	■	P	A	S	S	E	S
U	■	D	■	P	E	A	K	S	■	V	■	■	V	■
E	D	G	E	S	■	C	■	P	L	E	A	D	E	D
E	■	E	■	■	■	K	■	A	■	S	■	■	N	■
R	I	D	G	E	■	S	U	N	G	■	W	I	T	H

No.06

O	■	S	H	E	L	F	■	Q	U	A	R	T	E	R
B	■	■	■	V	■	O	■	U	■	■	■	A	■	A
J	U	D	G	E	■	X	R	A	Y	S	■	K	■	I
E	■	R	■	N	■	■	■	C	■	I	D	E	A	L
C	O	A	L	■	W	A	L	K	■	Z	■	N	■	S
T	■	M	■	P	■	W	■	■	■	E	■	■	K	■
S	P	A	D	E	■	A	L	S	O	■	V	I	N	E
■	E	■	■	R	■	R	■	O	■	P	■	■	O	■
L	A	I	D	■	R	E	A	L	■	A	R	A	B	S
■	K	■	■	T	■	■	■	A	■	D	■	S	■	W
C	■	P	■	O	■	S	U	R	F	■	F	I	N	E
H	A	R	M	S	■	T	■	■	■	A	■	D	■	A
A	■	I	■	S	L	A	N	T	■	C	R	E	P	T
S	■	Z	■	■	■	Y	■	U	■	R	■	■	■	E
E	N	E	M	I	E	S	■	B	L	E	E	D	■	R

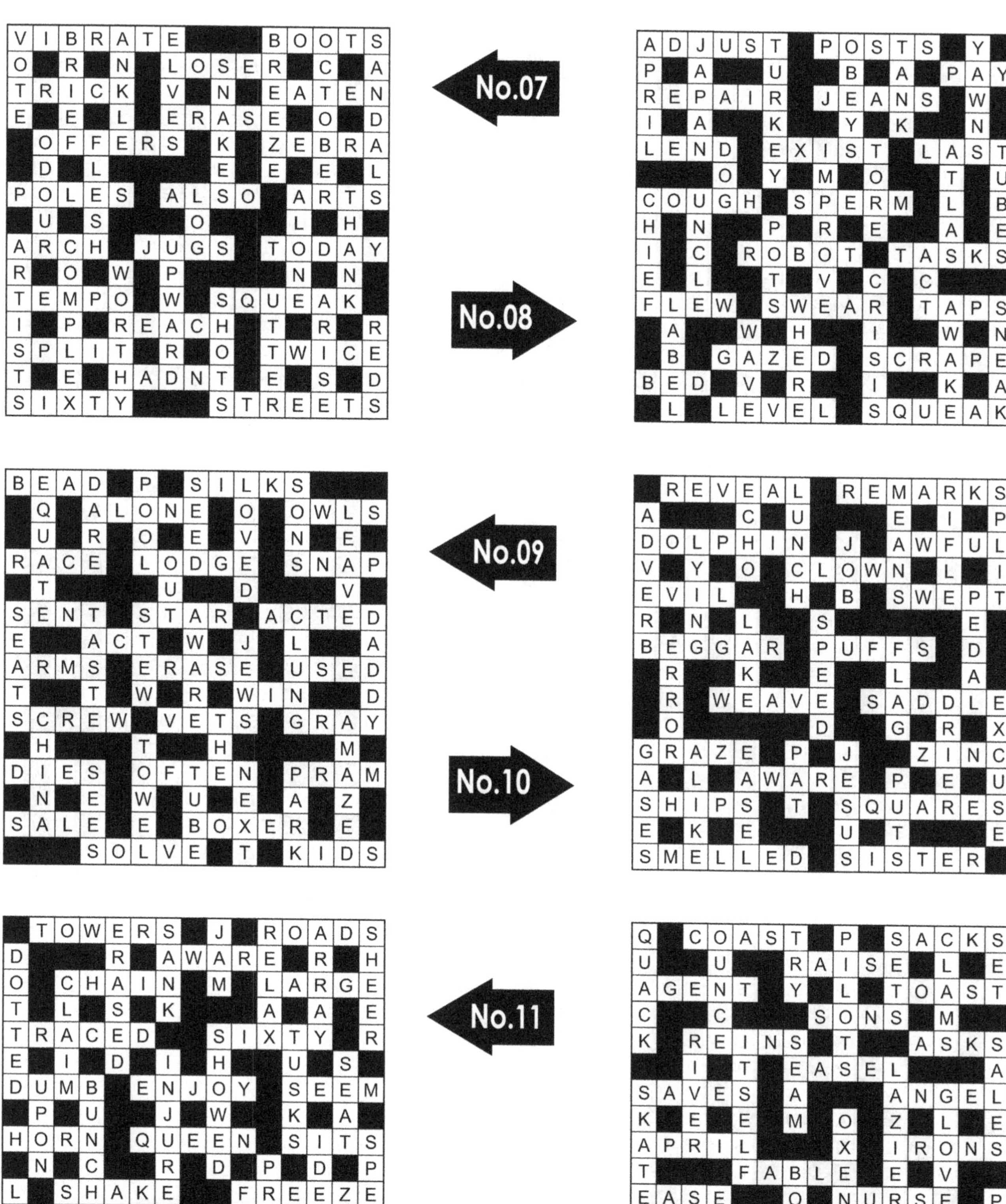

A	D	A	P	T	S		C		W	A	T	E	R	Y
	E		L		T	W	O	S				X		
	P	H	A	S	E		R		A	R	E	A		T
	T		I		M	A	N	Y		O		C		A
C	H	U	N	K	S					A	F	T	E	R
A		N				G	I	F	T	S				T
N		C	H	O	I	R		A		T	E	S	T	S
		L				A		C				C		
V	I	E	W	S		Z		T	H	E	M	E		C
E				I	D	E	A	S				N		O
R	E	L	A	X					R	E	J	E	C	T
B		A		E		B	L	U	E		U		H	
S		R	O	S	E		O		S	P	I	T	E	
		G				Q	U	I	T		C		A	
S	H	E	L	L	S		D		S	W	E	E	P	S

No.14

	T	A	S	T	E	D		R	H	Y	M	E	S	
		G		O					A		I			P
M		A	U	N	T	S		J	U	D	G	E		O
A		I		E		W			L		H			E
R	A	N	G		F	U	N	D		S	T	E	A	M
G				L		N		I				X		S
I		S	W	I	N	G		P	U	B	L	I	C	
N		I		M						U		T		D
	E	L	D	E	S	T		S	I	Z	E	S		E
T		K				U		T		Z				F
R	H	Y	M	E		B	E	A	N		W	O	K	E
I			O		V			R		R		C		A
E		A	V	O	I	D		S	P	A	R	E		T
S			E		N					T		A		
	F	A	S	T	E	N		Q	U	E	E	N	S	

No.15

P	L	U	S	E	S		C		R	E	S	I	S	T
	I		P		C	H	A	S	E		N		T	
S	Q	U	A	R	E		K		S	H	A	P	E	D
	U		D		N		E		T		P		R	
M	I	N	E		T	A	S	K	S		S	O	N	S
	D			T		W				T		C		U
C		S		R	E	A	D	S		A		E		P
A	N	K	L	E		R		H		S	H	A	R	E
T		I		E		E	X	A	C	T		N		R
C		L		S				M		E			Z	
H	O	L	D		F	A	C	E	S		M	E	E	T
	L		Y		I		L		P		A		B	
B	I	T	I	N	G		I		I	N	J	U	R	E
	V		N		H	U	M	A	N		O		A	
W	E	I	G	H	T		B		S	T	R	E	S	S

No.16

	S	A	D	L	Y		F			J	A	P	A	N
T		P		O		T	E	M	P	O		O		
O		P	I	N	T		E			K	I	T	E	S
S		L		E		S	T	A	T	E				C
S	E	E	K			W		R		S	T	A	G	E
E				P	L	A	N	T				C		N
D	E	V	I	L		N		S	I	T		T	O	E
		O		U						H		E		
C	O	W		M	I	X		Q		U	N	D	E	R
U		E				R	O	U	N	D				E
B	E	L	O	W		A		I			I	C	E	S
E				E	G	Y	P	T		R		L		O
S	E	I	Z	E			U		C	A	N	E		R
		N		K	N	I	F	E		R		A		T
S	A	N	D	S			F		V	E	I	N	S	

No.17

	W	R	I	T	E	S		Q	U	A	C	K	S	
		A				I		U				I		
C	U	T		S	E	N	S	E		S	I	N	K	S
O		E		N		K		U		N		G		I
A		S	T	A	Y		B	E	L	O	W			Z
T				P		P				W		A		E
S	A	L	E	S		E	N	J	O	Y		B	U	D
		O				A		U				L		
S	I	T		E	A	S	E	L		S	H	E	L	F
L		S		X				Y		N				I
I			D	I	V	E	D		C	A	L	M		G
C		W		S		N		P		C		A		H
E	X	A	C	T		T	H	A	N	K		P	I	T
		V				R		C				L		
	W	E	E	K	L	Y		K	N	I	V	E	S	

SOLUTIONS
SUDOKU

No.01

5	6	3	7	1	8	4	9	2
4	1	2	5	6	9	7	8	3
9	8	7	3	4	2	5	6	1
6	4	9	8	2	3	1	7	5
3	5	8	1	9	7	2	4	6
7	2	1	6	5	4	8	3	9
2	9	6	4	7	1	3	5	8
1	3	4	9	8	5	6	2	7
8	7	5	2	3	6	9	1	4

No.02

9	2	1	8	7	6	5	3	4
5	3	7	1	4	9	8	6	2
4	8	6	3	2	5	9	7	1
8	5	2	7	1	3	4	9	6
3	6	9	2	5	4	7	1	8
7	1	4	9	6	8	3	2	5
6	9	8	5	3	2	1	4	7
1	4	5	6	9	7	2	8	3
2	7	3	4	8	1	6	5	9

No.03

9	1	4	3	6	2	7	8	5
3	7	6	9	8	5	2	1	4
2	5	8	4	1	7	3	9	6
1	9	5	6	3	4	8	2	7
6	4	3	2	7	8	9	5	1
7	8	2	1	5	9	4	6	3
5	3	9	8	4	6	1	7	2
8	6	1	7	2	3	5	4	9
4	2	7	5	9	1	6	3	8

No.04

4	2	7	3	5	1	8	9	6
1	8	9	4	7	6	5	3	2
6	5	3	8	9	2	4	1	7
3	7	4	5	6	9	1	2	8
8	6	5	2	1	3	7	4	9
9	1	2	7	8	4	3	6	5
7	9	6	1	3	5	2	8	4
2	3	8	9	4	7	6	5	1
5	4	1	6	2	8	9	7	3

No.05

3	6	7	8	1	9	2	5	4
8	4	1	2	5	7	3	9	6
9	5	2	6	3	4	7	1	8
2	1	3	4	9	8	6	7	5
5	9	8	7	6	3	4	2	1
6	7	4	1	2	5	8	3	9
4	2	5	9	7	6	1	8	3
7	3	6	5	8	1	9	4	2
1	8	9	3	4	2	5	6	7

No.06

8	3	5	1	9	7	2	4	6
2	1	6	3	4	5	9	7	8
9	7	4	8	2	6	5	1	3
5	4	9	6	7	1	8	3	2
1	2	8	4	3	9	7	6	5
7	6	3	2	5	8	4	9	1
6	5	1	9	8	4	3	2	7
3	9	7	5	1	2	6	8	4
4	8	2	7	6	3	1	5	9

No.07

1	7	3	5	4	6	2	8	9
9	8	5	2	7	3	6	4	1
6	2	4	8	9	1	7	3	5
5	3	9	7	8	2	1	6	4
2	6	8	1	5	4	3	9	7
7	4	1	3	6	9	8	5	2
8	1	6	9	2	5	4	7	3
3	5	7	4	1	8	9	2	6
4	9	2	6	3	7	5	1	8

No.08

2	3	1	6	4	7	8	9	5
8	5	7	2	9	1	3	4	6
6	9	4	8	5	3	2	1	7
3	1	2	7	8	6	9	5	4
7	4	9	3	1	5	6	8	2
5	6	8	9	2	4	7	3	1
1	2	3	5	7	9	4	6	8
4	7	6	1	3	8	5	2	9
9	8	5	4	6	2	1	7	3

No.09

8	1	6	7	2	4	9	3	5
5	9	3	6	8	1	4	2	7
4	2	7	3	5	9	1	6	8
9	4	8	2	6	3	5	7	1
6	5	1	9	7	8	2	4	3
3	7	2	1	4	5	8	9	6
1	8	9	4	3	6	7	5	2
7	6	5	8	9	2	3	1	4
2	3	4	5	1	7	6	8	9

No.10

2	7	1	8	3	5	6	4	9
5	4	8	2	6	9	3	1	7
3	9	6	4	7	1	5	8	2
7	5	4	9	8	6	2	3	1
1	3	9	7	4	2	8	5	6
8	6	2	1	5	3	9	7	4
4	8	5	6	9	7	1	2	3
9	1	3	5	2	4	7	6	8
6	2	7	3	1	8	4	9	5

No.11

2	3	8	5	4	1	6	9	7
9	4	7	6	8	2	3	1	5
1	6	5	9	7	3	8	4	2
4	1	9	3	6	7	2	5	8
5	7	2	8	1	9	4	3	6
6	8	3	2	5	4	9	7	1
3	5	6	1	9	8	7	2	4
8	2	4	7	3	5	1	6	9
7	9	1	4	2	6	5	8	3

No.12

2	6	8	4	5	1	7	3	9
5	4	7	6	3	9	2	1	8
3	1	9	7	8	2	5	6	4
9	8	1	3	7	6	4	5	2
4	7	2	9	1	5	6	8	3
6	5	3	2	4	8	1	9	7
7	2	6	1	9	3	8	4	5
1	3	5	8	2	4	9	7	6
8	9	4	5	6	7	3	2	1

No.13

3	1	6	9	7	2	4	5	8
4	9	5	8	6	1	2	7	3
8	7	2	5	4	3	6	9	1
7	3	9	2	1	6	8	4	5
1	6	8	4	5	9	3	2	7
2	5	4	3	8	7	9	1	6
9	4	7	6	3	5	1	8	2
5	8	3	1	2	4	7	6	9
6	2	1	7	9	8	5	3	4

No.14

2	7	5	3	1	4	8	9	6
4	8	3	6	5	9	1	7	2
9	1	6	2	7	8	4	3	5
3	9	4	8	2	6	5	1	7
6	2	1	7	3	5	9	4	8
8	5	7	9	4	1	2	6	3
7	6	9	4	8	2	3	5	1
1	4	2	5	6	3	7	8	9
5	3	8	1	9	7	6	2	4

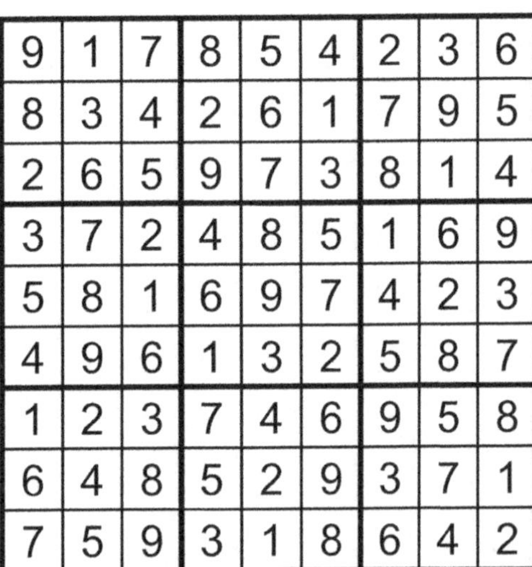

9	1	7	8	5	4	2	3	6
8	3	4	2	6	1	7	9	5
2	6	5	9	7	3	8	1	4
3	7	2	4	8	5	1	6	9
5	8	1	6	9	7	4	2	3
4	9	6	1	3	2	5	8	7
1	2	3	7	4	6	9	5	8
6	4	8	5	2	9	3	7	1
7	5	9	3	1	8	6	4	2

No.16

3	1	5	4	9	7	8	6	2
9	2	6	1	5	8	7	4	3
4	8	7	2	3	6	1	9	5
8	5	1	3	4	2	9	7	6
2	4	9	6	7	5	3	8	1
6	7	3	9	8	1	2	5	4
5	9	2	8	1	4	6	3	7
7	6	8	5	2	3	4	1	9
1	3	4	7	6	9	5	2	8

No.17

9	7	1	6	3	2	4	8	5
3	5	8	9	4	7	6	1	2
2	4	6	8	1	5	7	3	9
5	8	9	7	2	6	1	4	3
1	2	3	4	5	8	9	7	6
7	6	4	1	9	3	2	5	8
4	3	5	2	7	9	8	6	1
8	9	7	5	6	1	3	2	4
6	1	2	3	8	4	5	9	7

No.18

3	5	1	4	6	7	2	8	9
6	4	2	9	8	1	5	3	7
8	9	7	5	3	2	6	1	4
7	8	9	6	5	4	1	2	3
4	1	5	2	9	3	7	6	8
2	3	6	7	1	8	4	9	5
5	6	3	1	7	9	8	4	2
9	7	4	8	2	6	3	5	1
1	2	8	3	4	5	9	7	6

No.19

3	2	9	5	4	8	1	6	7
5	8	1	9	7	6	2	4	3
4	7	6	1	3	2	8	5	9
2	4	8	7	9	5	3	1	6
1	6	7	3	8	4	9	2	5
9	3	5	2	6	1	7	8	4
7	1	2	4	5	3	6	9	8
6	5	3	8	1	9	4	7	2
8	9	4	6	2	7	5	3	1

No.20

8	2	9	3	7	4	6	5	1
5	1	3	6	2	8	7	9	4
4	6	7	5	9	1	8	2	3
1	3	2	7	4	6	5	8	9
7	8	5	2	3	9	4	1	6
9	4	6	8	1	5	3	7	2
6	7	1	4	5	2	9	3	8
3	9	8	1	6	7	2	4	5
2	5	4	9	8	3	1	6	7

No.21

8	3	4	1	7	9	2	5	6
2	5	1	3	6	8	9	4	7
7	9	6	2	5	4	1	3	8
6	2	8	5	4	7	3	9	1
1	4	3	9	2	6	7	8	5
9	7	5	8	3	1	4	6	2
4	8	7	6	9	2	5	1	3
5	6	9	7	1	3	8	2	4
3	1	2	4	8	5	6	7	9

No.22

1	2	8	5	3	4	6	7	9
7	4	5	1	9	6	2	8	3
6	9	3	8	7	2	4	1	5
2	3	9	6	5	7	1	4	8
8	7	4	2	1	9	5	3	6
5	1	6	3	4	8	7	9	2
4	6	2	9	8	1	3	5	7
3	8	1	7	6	5	9	2	4
9	5	7	4	2	3	8	6	1

No.23

5	3	8	2	6	1	7	9	4
4	2	9	8	7	3	1	5	6
1	7	6	5	9	4	2	8	3
8	4	5	3	1	7	6	2	9
9	1	2	6	4	8	5	3	7
7	6	3	9	2	5	8	4	1
6	9	4	1	5	2	3	7	8
3	5	1	7	8	9	4	6	2
2	8	7	4	3	6	9	1	5

No.24

2	6	4	9	7	5	8	3	1
7	3	8	6	2	1	9	4	5
9	5	1	3	4	8	2	6	7
4	1	9	2	5	3	7	8	6
5	7	2	8	6	9	3	1	4
3	8	6	7	1	4	5	2	9
1	4	7	5	3	2	6	9	8
6	9	3	4	8	7	1	5	2
8	2	5	1	9	6	4	7	3

No.25

2	9	3	6	1	4	5	7	8
1	6	7	8	3	5	9	2	4
8	4	5	9	7	2	1	6	3
5	1	6	4	8	7	3	9	2
7	8	9	5	2	3	6	4	1
4	3	2	1	9	6	7	8	5
9	5	8	2	6	1	4	3	7
6	7	1	3	4	8	2	5	9
3	2	4	7	5	9	8	1	6

No.26

1	6	8	7	4	9	3	5	2
9	2	7	1	3	5	6	8	4
4	5	3	8	2	6	7	1	9
8	4	2	3	7	1	5	9	6
7	9	5	4	6	2	1	3	8
3	1	6	5	9	8	2	4	7
6	8	1	9	5	7	4	2	3
2	3	9	6	1	4	8	7	5
5	7	4	2	8	3	9	6	1

No.27

4	7	3	9	1	8	2	6	5
6	8	2	4	5	3	9	1	7
5	9	1	2	6	7	3	4	8
8	1	9	7	4	2	5	3	6
3	2	5	1	8	6	7	9	4
7	4	6	5	3	9	1	8	2
1	3	8	6	2	5	4	7	9
9	5	4	8	7	1	6	2	3
2	6	7	3	9	4	8	5	1

No.28

2	4	9	5	8	7	1	3	6
1	5	6	3	9	2	7	8	4
7	3	8	4	1	6	9	5	2
5	1	3	2	7	4	6	9	8
6	9	4	1	5	8	3	2	7
8	2	7	6	3	9	5	4	1
3	7	1	8	2	5	4	6	9
9	6	2	7	4	3	8	1	5
4	8	5	9	6	1	2	7	3

No.29

1	4	5	3	8	6	9	2	7
7	6	3	4	2	9	1	5	8
8	9	2	1	5	7	3	6	4
2	7	4	6	3	1	8	9	5
9	1	6	8	4	5	2	7	3
5	3	8	7	9	2	6	4	1
3	2	7	9	1	4	5	8	6
6	8	9	5	7	3	4	1	2
4	5	1	2	6	8	7	3	9

No.30

3	8	6	7	5	2	4	1	9
1	9	2	3	8	4	7	6	5
7	4	5	6	9	1	2	3	8
9	7	4	8	1	3	5	2	6
6	2	8	5	4	7	1	9	3
5	3	1	9	2	6	8	7	4
2	1	3	4	6	8	9	5	7
4	5	7	1	3	9	6	8	2
8	6	9	2	7	5	3	4	1

No.31

7	1	9	8	6	2	5	4	3
4	3	2	5	1	9	6	8	7
5	6	8	7	3	4	2	1	9
8	7	3	4	2	5	9	6	1
1	4	5	6	9	7	3	2	8
9	2	6	1	8	3	7	5	4
3	9	1	2	5	8	4	7	6
2	8	4	9	7	6	1	3	5
6	5	7	3	4	1	8	9	2

No.32

7	9	3	6	2	4	8	5	1
1	2	6	5	3	8	7	4	9
8	5	4	9	7	1	3	6	2
6	7	9	3	1	5	4	2	8
4	1	5	7	8	2	9	3	6
2	3	8	4	6	9	1	7	5
9	6	2	1	4	3	5	8	7
3	8	1	2	5	7	6	9	4
5	4	7	8	9	6	2	1	3

No.33

7	6	2	8	3	9	1	4	5
4	1	9	5	6	7	8	2	3
5	3	8	2	4	1	7	6	9
2	4	3	6	1	5	9	8	7
9	7	5	3	8	2	6	1	4
6	8	1	7	9	4	3	5	2
1	2	7	9	5	6	4	3	8
3	9	6	4	2	8	5	7	1
8	5	4	1	7	3	2	9	6

No.34

1	7	6	4	8	5	9	3	2
5	8	3	9	7	2	4	6	1
9	4	2	1	6	3	8	5	7
4	6	9	3	1	8	7	2	5
2	1	8	5	4	7	3	9	6
3	5	7	2	9	6	1	4	8
8	9	1	6	5	4	2	7	3
6	3	4	7	2	1	5	8	9
7	2	5	8	3	9	6	1	4

SOLUTIONS
CROSS WORD

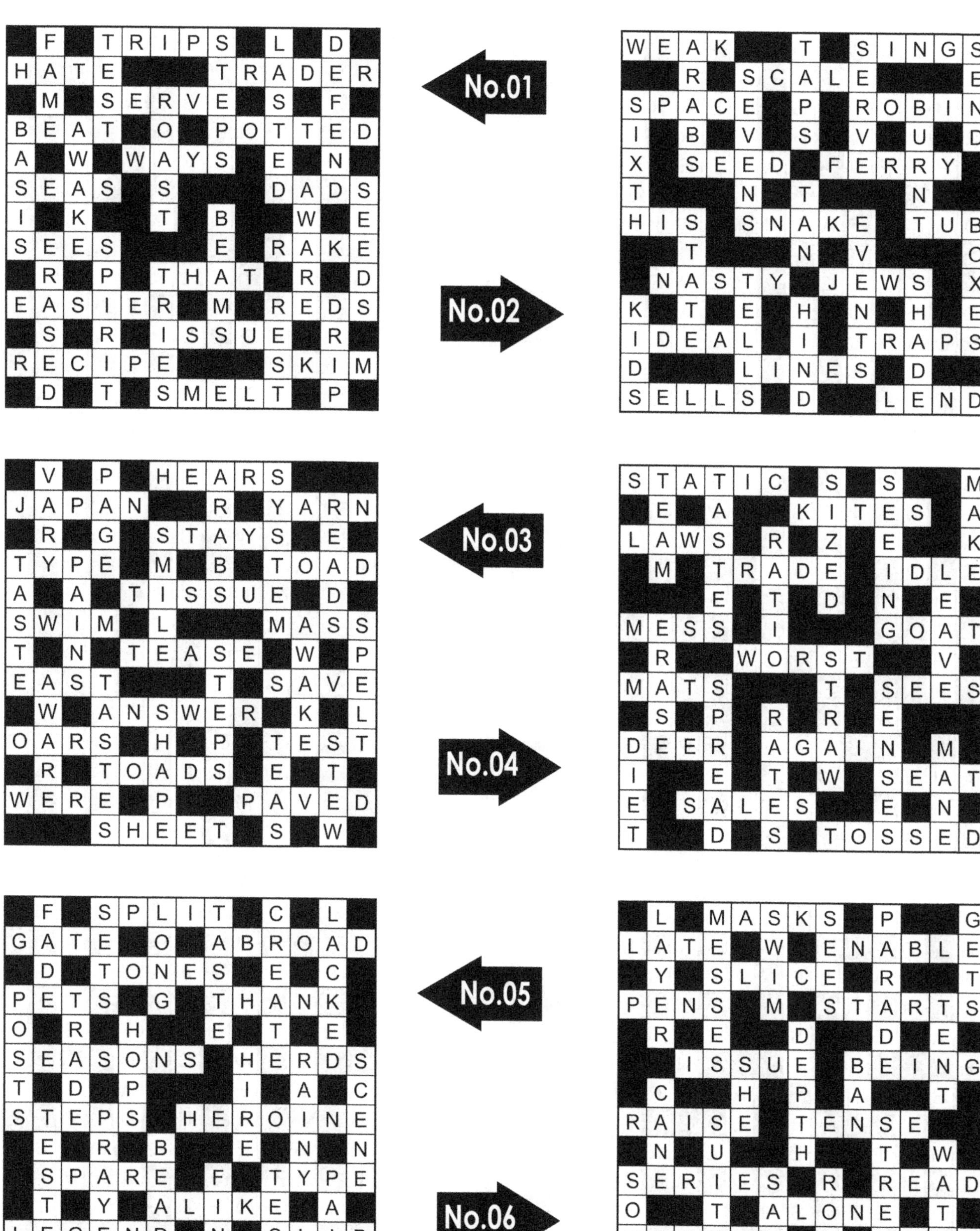
No.01
No.02
No.03
No.04
No.05
No.06

No.07

H	E	L	D		Z	O	O	S		S		V
E		E		K		U		A		T		I
A	M	A	Z	I	N	G		L	E	A	R	N
R		V		N		H		E		R		E
S	P	E	E	D		T	A	S	T	E	S	
	E		V		R		C		A		H	
D	A	T	E		A	I	R		S	W	I	M
	K		R		R		E		T		N	
	S	T	Y	L	E	S		H	E	R	E	S
O		E		O		T		E		A		E
R	O	A	R	S		I	M	A	G	I	N	E
A		S		E		L		L		S		D
L		E		S	E	L	F		B	E	E	S

No.08

T	E	A	M		F	A	T	T	E	R		G
		T		C		B		O				E
T		L	E	A	P	S		N	U	R	S	E
R		A		N		O		S		O		S
U	P	S	T	A	I	R	S		V	A	S	E
C				D		B				D		
K		S	E	A	L		C	A	P	S		P
		E				B		G				O
B	E	N	T		T	E	R	R	I	B	L	E
I		S		B		A		E		A		M
T	H	E	M	E		S	P	E	N	D		S
E				E		T		D		G		
S		F	O	R	E	S	T		H	E	R	E

No.09

S	N	A	P	S				L	I	S	T	
L		W		I	S	S	U	E		H		M
A	D	A	P	T		M		T	R	A	C	E
N		R		S	E	A	T			F		R
T	H	E				C		S	A	T		E
	E			H		K		W			L	
H	A	M	M	E	R		C	A	N	V	A	S
	P			R		P		N			V	
S		B	E	E		L				B	A	T
W		O			P	A	L	E		R		A
A	U	N	T	S		N		A	R	A	B	S
M		U		A	R	E	A	S		I		K
	U	S	E	D				T	E	N	T	S

No.10

R	E	C	I	T	E	S		L	A	T	E	R
I		L		O		O		I		H		
D		O		W		C	A	N	O	E		H
E	R	A	S	E		K		K		M		O
S		K		L	E	S	S		S	E	E	N
			C		A		E		A			E
S		J	A	W	S		L	E	N	S		Y
P			S		E		L		G			
A	B	L	E		L	A	S	T		O		T
D		E		G		R		R	U	L	E	R
E		A	W	A	K	E		I		I		A
		V		M		A		E		V		P
Q	U	E	U	E		S	I	S	T	E	R	S

No.11

S	O	A	K	E	D		O	R	D	E	R	
E		T				T		O		X		U
T	R	O	U	B	L	E		A	R	A	B	S
T		M		A		A		R		M		I
L	A	S	T	S		S	E	S	S	I	O	N
E				I		E				N		G
	S	C	E	N	E		D	R	I	E	R	
S		L				B		E				D
I	M	I	T	A	T	E		A	L	O	N	E
X		M		H		A		D		C		A
E	R	A	S	E		S	U	S	P	E	C	T
S		T		A		T				A		H
	R	E	E	D	S		G	L	A	N	D	S

No.12

F		F	L	A	P	S		F	E	R	N	S
L				U		N		O		A		
A	G	A	I	N		A	N	G	R	I	E	R
G		C		T		K				L		I
S	U	R	E		D	E	P	T	H	S		S
		E		W		S		O				E
F	A	S	T	E	R		T	A	S	T	E	S
U				R		H		D		E		
M		S	E	E	M	E	D		M	A	S	S
E		T				A		A		R		U
S	L	E	N	D	E	R		B	A	S	I	N
		E		R		T		L				N
E	A	R	L	Y		S	H	E	L	F		Y

No.13

T	■	S	W	E	E	T	S	■	D	■	■	O
O	■	M	■	■	N	■	A	N	I	M	A	L
A	W	A	Y	■	T	E	N	■	V	■	■	D
D	■	R	■	■	E	■	D	■	E	A	S	E
S	A	T	■	D	R	E	S	S	■	B	■	R
■	G	■	■	R	■	■	■	E	■	L	■	■
H	O	T	T	E	R	■	C	A	M	E	L	S
■	■	I	■	A	■	■	■	L	■	■	A	■
V	■	D	■	M	A	I	L	S	■	G	Y	M
I	C	E	S	■	S	■	I	■	■	O	■	E
N	■	■	C	■	H	A	T	■	R	A	C	E
E	S	C	A	P	E	■	R	■	■	L	■	T
S	■	■	R	■	S	P	E	E	D	S	■	S

No.14

S	A	L	A	D	■	R	■	F	R	E	E	D
H	■	■	■	A	W	A	R	E	■	R	■	■
E	S	S	A	Y	■	G	■	R	E	A	D	S
L	■	U	■	■	■	G	■	N	■	S	■	H
L	■	P	O	S	T	E	D	■	M	E	R	E
■	■	E	■	K	■	D	■	C	■	■	■	D
S	T	R	A	I	N	■	C	A	M	E	L	S
A	■	■	■	N	■	Y	■	G	■	V	■	■
C	A	S	H	■	S	E	V	E	R	E	■	T
K	■	T	■	M	■	L	■	■	■	N	■	Y
S	L	A	V	E	■	L	■	A	C	T	O	R
■	■	G	■	S	E	E	D	S	■	■	■	E
T	R	E	E	S	■	D	■	H	A	N	D	S

No.15

C	A	T	C	H	■	■	■	B	U	N	K	S
A	■	R	■	A	W	A	K	E	■	■	■	Y
S	A	I	L	S	■	I	■	S	O	C	K	S
U	■	B	■	■	■	M	■	T	■	H	■	T
A	R	E	■	S	T	E	W	■	F	A	C	E
L	■	■	■	A	■	D	■	L	■	S	■	M
■	B	A	R	N	S	■	G	A	Z	E	D	■
S	■	W	■	K	■	G	■	M	■	■	■	T
T	H	A	N	■	D	A	R	E	■	T	W	O
A	■	R	■	T	■	M	■	■	■	O	■	W
T	E	E	T	H	■	E	■	M	O	O	S	E
U	■	■	■	I	S	S	U	E	■	L	■	R
S	H	U	T	S	■	■	■	T	E	S	T	S

No.16

C	O	R	D	■	G	U	E	S	S	■	■	C
L	■	E	■	F	■	S	■	T	■	G	■	R
I	M	A	G	I	N	E	■	R	A	I	S	E
M	■	D	■	R	■	■	■	E	■	V	■	W
B	A	S	E	S	■	B	■	S	T	E	P	S
■	L	■	■	T	E	A	M	S	■	■	E	■
F	O	N	D	■	■	K	■	■	G	O	N	E
■	N	■	■	S	H	E	E	T	■	■	C	■
S	E	R	V	E	■	S	■	R	O	S	E	S
T	■	E	■	T	■	■	■	E	■	E	■	E
A	D	A	P	T	■	R	E	A	L	I	S	E
N	■	L	■	L	■	O	■	T	■	Z	■	M
D	■	■	N	E	E	D	S	■	L	E	G	S

No.17

S	■	S	E	A	T	S	■	S	T	A	M	P
T	■	E	■	■	■	A	■	P	■	W	■	U
A	U	N	T	■	O	N	C	E	■	A	L	L
Y	■	S	■	T	■	D	■	L	■	R	■	L
S	C	E	N	E	■	■	■	T	R	E	E	S
■	R	■	■	A	W	A	Y	■	■	■	R	■
R	A	F	T	S	■	G	■	S	T	E	A	K
■	N	■	■	■	L	O	S	E	■	■	S	■
T	E	S	T	S	■	■	■	T	Y	P	E	S
U	■	T	■	O	■	B	■	S	■	L	■	H
B	E	E	■	C	O	A	T	■	D	A	T	A
E	■	E	■	K	■	N	■	■	■	N	■	P
S	E	L	L	S	■	S	H	O	P	S	■	E

SOLUTIONS
MAZE

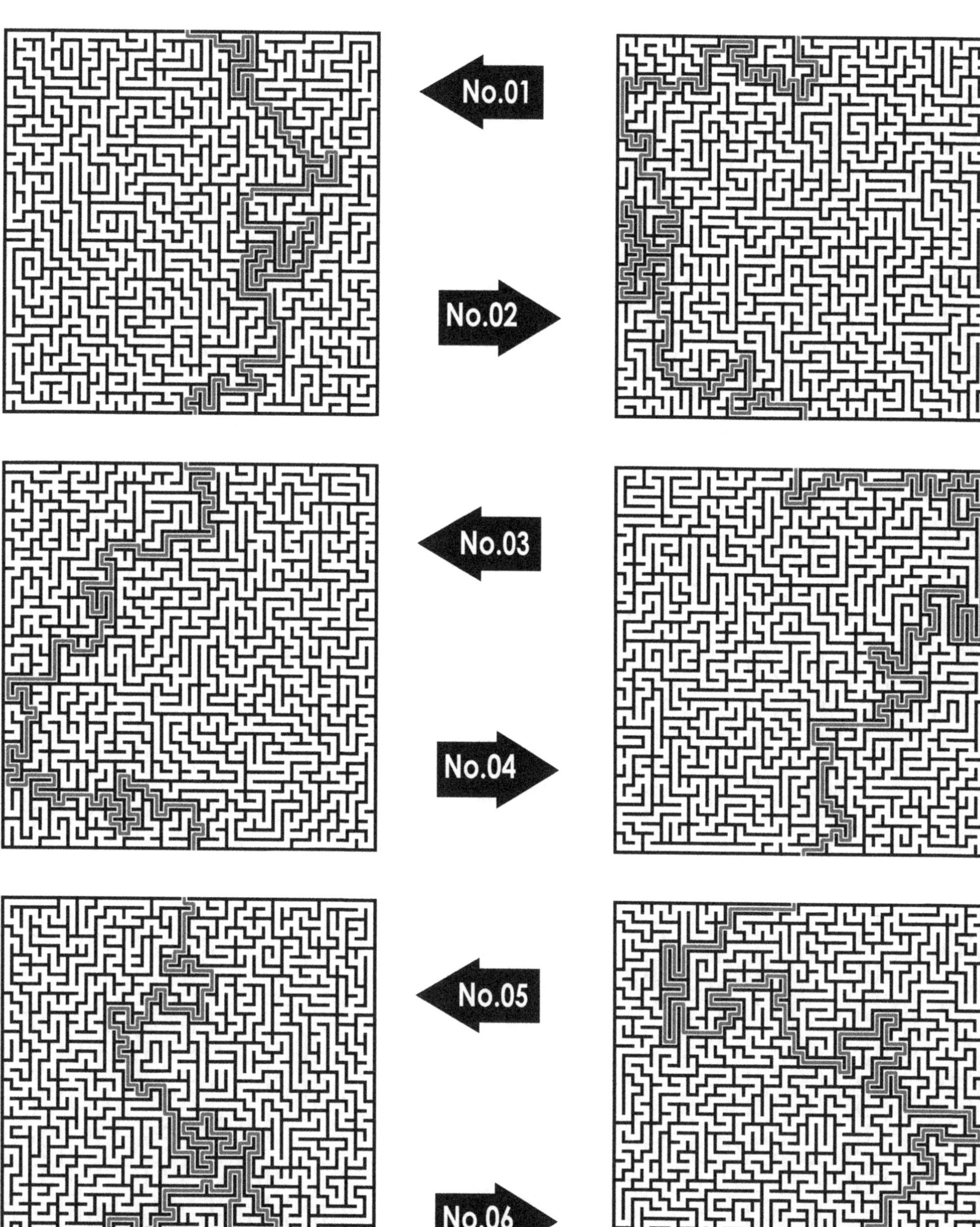
No.01
No.02
No.03
No.04
No.05
No.06

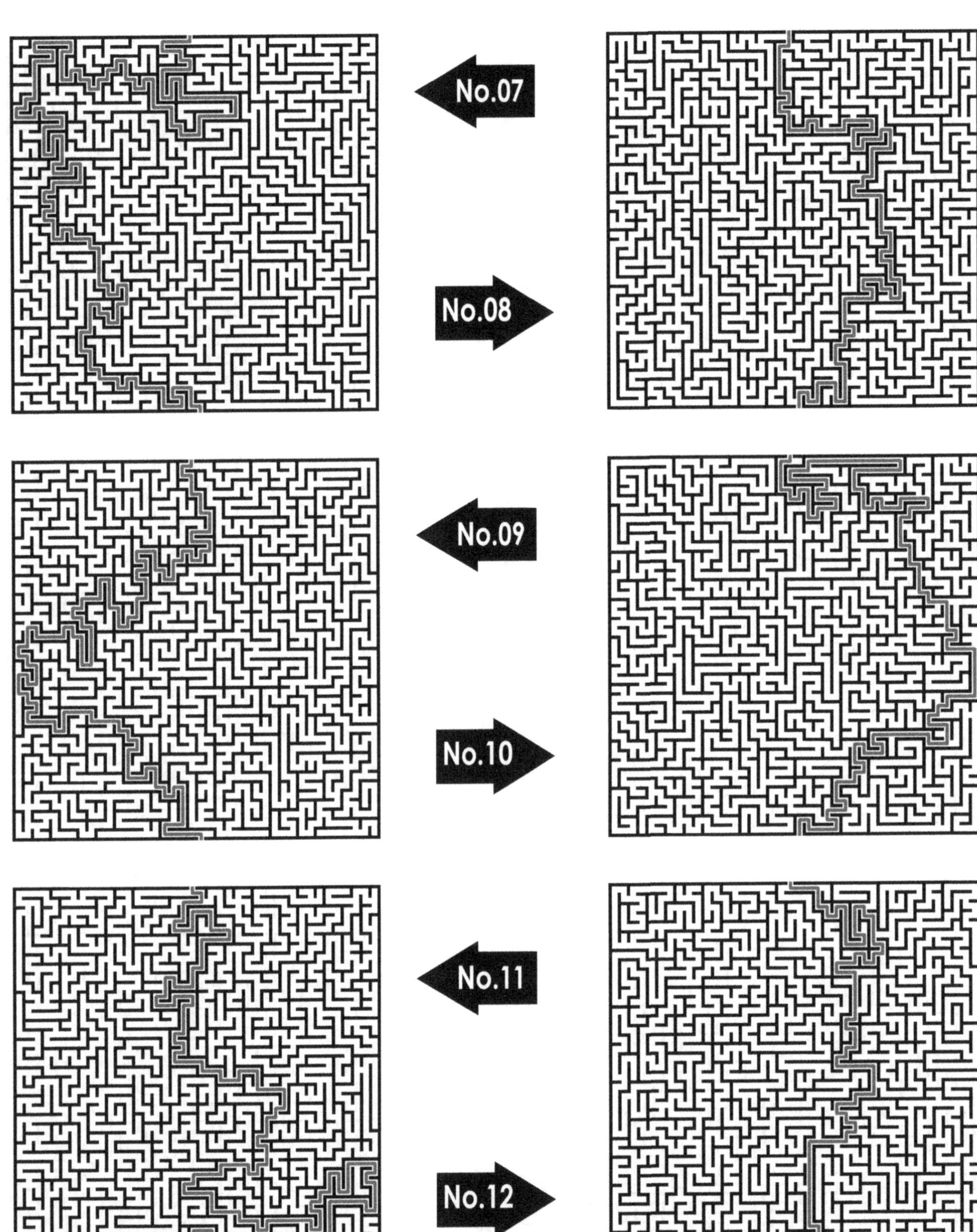
No.07
No.08
No.09
No.10
No.11
No.12

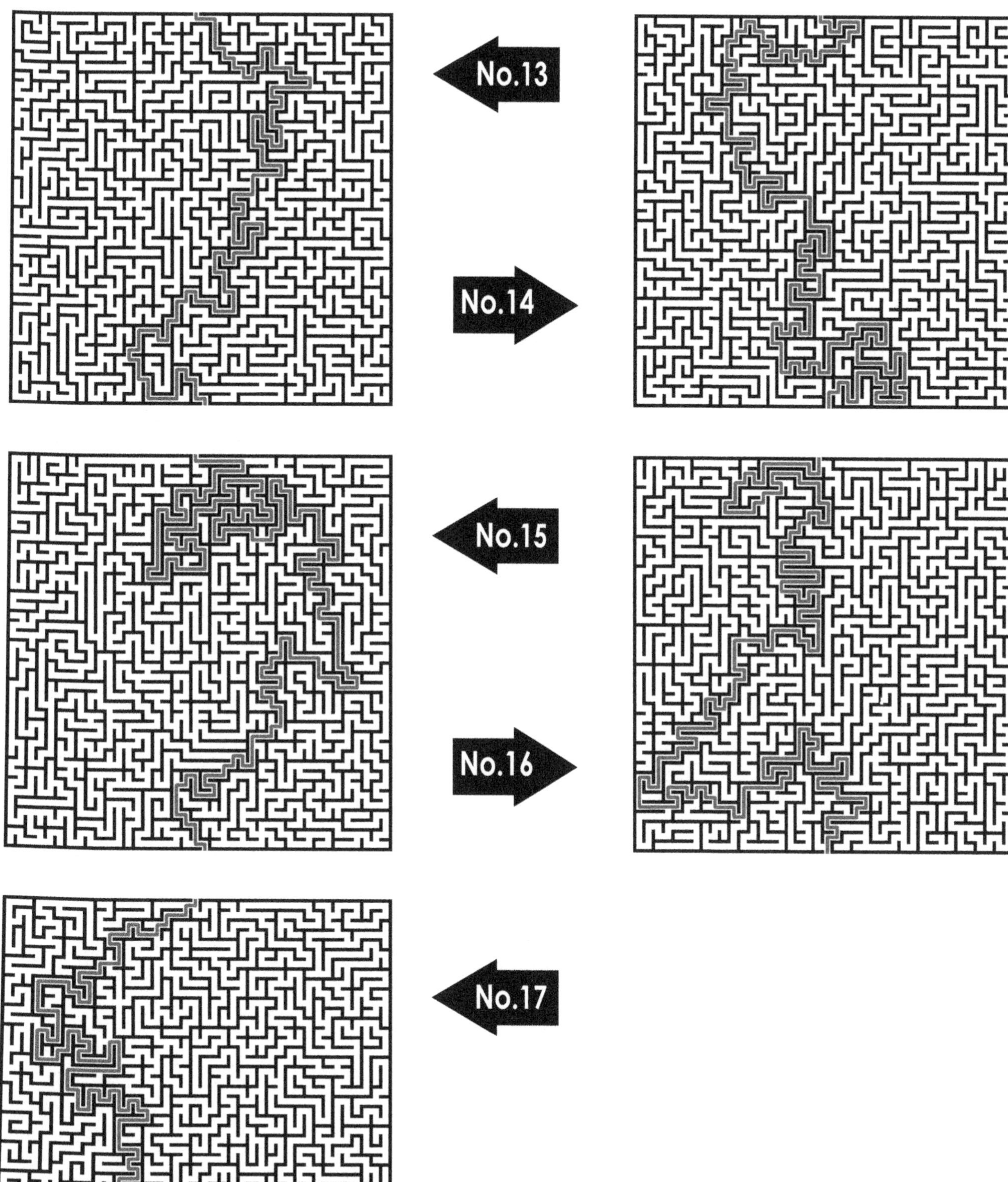
No.13
No.14
No.15
No.16
No.17

Made in the USA
Monee, IL
08 August 2021